U0329986

学校文化变革丛书

丛书主编 杨四耕

流淌在"指尖"的学校文化

虞怡玲 ◎ 著

华东师范大学出版社

图书在版编目(CIP)数据

流淌在"指尖"的学校文化/虞怡玲著. —上海:华东师范大学出版社,2014.7
(学校文化变革丛书)
ISBN 978-7-5675-2350-0

Ⅰ.①流⋯ Ⅱ.①虞⋯ Ⅲ.①小学—校园文化—建设—研究
Ⅳ.①G627

中国版本图书馆 CIP 数据核字(2014)第 170702 号

学校文化变革丛书

流淌在"指尖"的学校文化

丛书主编　杨四耕
著　者　虞怡玲
策划编辑　刘　佳
审读编辑　贾　斌
责任校对　高士吟
装帧设计　卢晓红

出版发行　华东师范大学出版社
社　址　上海市中山北路 3663 号　邮编 200062
网　址　www. ecnupress. com. cn
电　话　021-60821666　行政传真 021-62572105
客服电话　021-62865537　门市(邮购)电话 021-62869887
地　址　上海市中山北路 3663 号华东师范大学校内先锋路口
网　店　http://hdsdcbs. tmall. com

印刷者　常熟高专印刷有限公司
开　本　787×1092　16 开
印　张　10.25
字　数　168 千字
版　次　2014 年 11 月第 1 版
印　次　2016 年 1 月第 2 次
印　数　5101—7200
书　号　ISBN 978-7-5675-2350-0/G·7533
定　价　21.00 元

出 版 人　王　焰

一所优质学校应有的文化迹象

建设优质学校是基础教育改革的一个重要追求,而这一追求的实现在很大程度上取决于学校能否发起一场变革,以及在变革中能否生成特定的学校文化。

今天,"文化的力量"正日益凸显其重要功能。一所学校特有的文化,营造了一种特有的相对稳定的组织氛围和言行标准,赋予了这所学校师生有别于其他学校的一种特有的"身份认同",使他们在认知、态度和行为等方面主动"调适"自身的身份要求和特有倾向。不管我们承认与否,每一所学校都会有一定的文化存在,也有其相应的文化特点。一所学校的文化究竟如何,直接影响着教师和学生的发展,影响着学校的发展乃至学校变革的顺利推进。一所学校能够持续其特色发展离不开学校文化的润育,学校的办学特色集中表现为学校文化的特色,学校文化的发展水平决定着学校的发展水平。学校要想有足够的"磁性",就必须提升学校的核心竞争力;学校要想具备足够的核心竞争力,就必须拥有持续不断的、强大的变革能力;而强大的变革能力基于特色鲜明、不断适应时代发展的学校文化。学校文化是学校核心竞争力的关键所在,是学校特色发展的根基所在。

文化在本质上是一种价值观,学校文化的核心精神体现在学校教育哲学里。学校文化虽然可以通过学校的建筑与仪式、环境与布局表现出来,但实际上,真正催人奋进、真实感人的文化力量,还是要通过日常教育教学,通过大家鲜明的个性与为人来"呈示"。

一所学校有没有自己的文化,最关键的不是看"大楼",而是看"人",看教师们有没有真实的个性,有没有感人的故事,有没有被学生记住,有没有真正影响学生的人生与成长;教师在工作中能否做到劳逸结合,能否给自己更多的积极心理暗示,团队成员和师生之间能

否相互激励；教育过程有否充满谅解和同情，教师能否帮助学生缓解焦虑和压力；在学校全部生活中是否充满了对人的细节关怀……我这样说并非要否认和排斥学校的硬件建设。有钱当然要投入，但在投入过程中不妨更注重"软文化"建设，在开掘和利用传统文化资源的同时经营学校文化品质，让未来的历史呈现真正经得起时间的涤荡，形成鲜明深刻、一以贯之的学校教育哲学。因此，我们要积极整合学校文化变革架构，使学校"硬文化"与"软文化"成为不可分割的整体，让学校真正散发出恒久的、迷人的文化芳香。

瑞士洛桑国际管理学院丹尼尔·丹尼森教授在经过对 1500 多家样本公司研究后，指出：适应性（adaptability）、使命（mission）、参与性（involvement）与一致性（consistency），是理想组织的四大文化特征，这四大文化特征对一个组织的发展具有重大影响。按照丹尼森教授的观点，判断一所学校是否具有真正的文化，可以从以下三个方面考量：一是全体教师有没有都觉得"这件事"很重要？二是全体教师是不是每天都会想"这件事"？三是学校中的每一个人能不能每天都用"这个方法"去做事或者每天都能表现出来？如果肯定地回答第一个问题，表明学校存在着价值观；肯定地回答第二个问题，表明这种价值观已融入了大家的思想；肯定地回答第三个问题，则表明这种价值观已融入了大家的行为，学校文化得到了落实。所以文化作为一种价值观，是一种表现，是一种感觉，尤其是一种别人在你身上感受到的感觉，它最终必然要融入到你的思想与行为之中。这就是为什么我们走进不同的学校会有不同的感受，为什么我们对不同学校中的教师和学生也会有不同的感受的原因所在。

我以为，一所优质学校要有自己的文化信仰，要有适应外部环境变化的能力，要有不断提升变革能量的内驱力，要有永远秉持"学生第一"的教育立场。今天，我们不论培养孩子成为什么样的人，是不是都希望孩子一定幸福？人们都在追求幸福，但往往追到了别的，忘却了幸福使命本身。学校应当成为一个真实的、合宜的、儿童能处处发现自己的幸福世界。须知，儿童才是学校文化变革的核心价值，我们应努力彰显学校文化的"人学"内涵，让我们的孩子有爱、善良、高贵、干净、宽容、尊重；让他们有学习的愿望、热情与能力；让他们头脑自由，能有尊严地面对世界；让他们心灵丰富，服膺真理与崇尚智慧。这样，教育改变的就不仅仅是那些作为弱势群体的人们的命运，改变的是整个国家的命运、民族的命运，改变的是我们所有人的生活。

在我的概念中，一所学校如果有以下特征，肯定不能算作真正的优质学校：没有主张变革的学校领导；教师没有专业自主权，不能参与学校决策，自我效能感缺失；有相当一部分学生受到不公平的待遇；缺少学习的气氛，没有浓郁的学习氛围；学生成功的路径单一，学校评价教师的维度单一，忽视学校的道德责任等。这些学校往往把外在的或上级的要求作为关注点，重视短期利益和可见的成果，注重外部表现多于内涵发展，在乎的是学校的"结果性表征"，引以为豪的是好的生源、好的教师、好的成绩等。

其实，优质学校是一个永无止境的追求卓越的过程，是与时俱进地获得变革理念，提升变革能量的过程，是不断通过"增能"与"进步"实现对自身超越的过程。我坚信，不论学校现有的起点如何，只要充分认识自己，发现自己，采取适当的措施，持续变革，每一所学校都有可能成为真正意义上的优质学校。从本质上说，优质学校是一种理想与实践的文化。如果从文化变革的视角描绘，优质学校大概是这样的：有鼓励不断学习和可持续发展的机制，存在追求卓越的文化机制；有共享的价值观和愿景，学校发展凝聚着历史、现实和未来的智慧；有博大的胸怀，学校汇聚着不同性格、不同才情、不同背景的教师，在这里教师可以充分享受到专业尊严和自由创造的欢乐；把学生的发展作为一种责任，把促进每一个学生健康快乐成长作为使命，而不是把学生分成不同等级；追求卓越，不断创新，不因为是"好学校"而停止探索的脚步。

教育是最应该富有正义感和良知的事业，学校是最应该充满对美好人生憧憬的场所。假如教育失却理想，我们还能有什么？假如学校没有憧憬，我们还能有未来吗？

学校文化变革从其品质来说，是充满生命气息的，是能够让生命活力涌流的，是能够让智慧之花尽情绽放的。近些年来，因为工作关系，我参与了不少学校的文化变革实践与研究，积累了一些认识，有了和一线学校一起"整理"学校文化变革经验的冲动。这便是"学校文化变革丛书"的背景和缘由。华东师范大学出版社的领导和编辑，给予了我们莫大的鼓励，让我们有勇气拿出我们关于学校文化变革的"意见"。我们希望，通过这套丛书，给广大中小学文化变革实践提供些许参考。

杨四耕

2013 年 5 月 12 日于上海市教育科学研究院

目 录

核心提示:

学校物质文化是学校在硬件方面所体现出来的价值观念与教育追求。它是学校文化的硬件,看得见,摸得着。学校物质文化包括学校建筑文化,如学校建筑的布局与命名,校门、壁画、校史馆等;学校绿化与美化,如学校绿化景点、雕塑等;学校内部陈设与布置,如学校教学楼、实验楼、图书馆等厅堂的陈设布置,教室、走廊的布置;学校传播设施,如学校标志的设计与制作,校园网、黑板报、橱窗、阅报栏、标语牌、广播等。如果学校的这些硬件都具备独特的风格和文化内涵,就能潜移默化地影响师生的观念与行为。苏霍姆林斯基曾指出,"孩子在他周围——在学校走廊的墙壁上、在教室里、在活动室里——经常看到的一切,对于其精神面貌的形成具有重大的意义。这里的任何东西都不应当是随便安排的,我们要努力做到使学校的墙壁也说话"。学校物质文化应以学校教育哲学为指引,系统地设计学校环境文化的方方面面,让学校文化主张"看得见"。

第二章 学校文化在制度之外   **015**

核心提示：

学校制度文化是渗透于规章制度和学校管理中的价值观念与行为方式。过往，追求效率，强调服从，注重统一，在繁琐、刻板、划一的制度之中，人陷入了由制度之网构筑的"铁笼"之中（马克斯·韦伯语），人由制度的创造者沦落为制度的奴仆，生命的意义与价值被边缘化，学校因此缺少"文化味"，产生"制度在左，文化在右"的现象。构建有特点的学校制度文化，关键是要使学校由"藩篱"变成"家园"。家是生命的寓所，只有在家的环境中，生命才得以放飞。"回家"的路可以是多种多样的，但关键在于，我们必须在制度文化建设中重塑人的尊严与生命的可贵，必须以生命生成的观点重建学校制度文化。智慧的学校管理者会把握管理的真谛，也会制定严厉的制度规范约束人们的行为准则，用一种清晰的陈述规定人们应该做什么，不应该做什么，但他们更注重努力创设一种氛围，让人们凭自己的良心去尽自己的义务，展示自己的潜能，把这些规则内化为每个成员的自觉行为，能够让大家有一种舒适感、满足感、陶醉感和自豪感。

第三章　学校文化是人与人之间的"相遇"　　　031

核心提示：

　　学校文化是一个由无及有、由浅入深、潜移默化、反复积淀、提炼升华的过程。一所学校有没有自己的文化传统，最关键的不是看"大楼"，而是看"名师"，看教师们有没有真实的个性，有没有感人的故事，有没有被学生记住，有没有影响学生的人生与成长。因此，我们应注重教师团队建设，不仅关心"外部输血"，更加关注"内部造血"。我们帮助教师发展并维持一种充满协作精神的学校文化。在洋溢着协作氛围的学校文化中，教师经常在一起制订计划并开展交流、观察、评论的活动。在这一文化氛围中，大家负责地不断改进学习的策略，在教学中相互磋商、相互提高。我们鼓励和促进教师追求卓越，做有思想的行动者。学校的教育变革离不开教师们不断地磨砺和不断地提高专业水平，当教师将制度的专业发展要求内化为他们自己的专业成长需要时，他们就有了专业发展的前景。我们帮助教师在团队中更有效地思考问题和解决问题，鼓励教师为学校革新而工作，通过积极地寻求问题解决的方案来阐明组织的生命力，把需要解决的问题放在大家的面前，放在学校发展的广阔视野中进行集体的讨论，确保民主、公平，避免武断、狭隘，改变传统领导者把大家作为工具性发展的观点，让大家感受到组织文化所带来的精神愉悦。

第四章　学校文化是"做"出来的　　　　　　　　　　　　　045

核心提示：

　　学校文化建设需要以环境文化为基础，以制度文化为支撑，更需要以课堂文化为底蕴，丰富学校文化的内涵。因为，学生学校生活的80％以上时间在课堂，课堂是学校教育教学的主要场所，文化充盈于课堂之内、渗透于师生之间，是课堂的重要养分。离开文化，课堂将成为无源之水、无本之木。因此，课堂学习是学生生命体验和文化陶冶的基本形式，课堂中面临的问题实际上就是浸润于课堂"文化场"中的问题。课堂文化总是被我们善意地忽略或遗忘，学校文化建设基本上还停留在环境文化、制度文化等层面上，是一种课堂外的文化，很多学校证明学校文化魅力的场所基本是在课堂之外，是发生在课堂之外的各种活动、制度。课堂中则很少有学校文化的存在，课堂外是开放、民主、充满生机的，课堂内则仍是封闭、集权、授受的。因此，聚集课堂是提升学校文化内涵的关键所在。

第五章　学校文化是心灵深处的精神自信　　　　　　　　067

核心提示：

　　文化，就其本质来说，只能是深层次的东西。文化的内在性和深刻性在于它反映了人的价值本性和精神自信。与作为人的活动的背景和基础的自然世界不同，文化世界是人类进行活动的产物，它是人的自由创造本性的见证，是人的精神理念、价值关系的显现。一言以蔽之，文化的

世界即是"人化"的世界。文化与人文的内在关联正在于此，因为正是通过文化环境的构建和文化活动的展开，人才改变了他与对象世界的那种动物式的"事实"关系、"物质"关系、"自然"关系，建立了具有无限丰富意义的"价值"关系、"精神"关系、"人"的关系。一方面在所改造的外部世界中打上"人"的烙印，使外在自然"人化"，另一方面，更重要的是，他也改变了自身的自然，使自己的禀赋、感觉、情绪、意欲、思维、行动等都获得了"人"的自由属性，就是说，他自身的自然也"人化"了。总之，文化使"人"成为"人"。文化世界是一个以人为本体的世界，是一个以人的意向性为动力和指向的世界，是一个以人的活动为基本运动方式的世界，文化本身具有人文性质和人文精神。

引论:学校文化变革的核心要素

作为"文化"子概念的"学校文化"一般被认为是在 1932 年沃勒(Waller,W.)的《教学社会学》一书中被首次提出。对于"文化"丰富的内涵解读,学者们大体遵循两条途径进行归类,即静态的"文化实体"与动态的"文化活动"。

对于前者,1871 年英国人类学家泰勒(E. B. Taylor)在论著《原始文化》(*Primitive Culture*)中给出了如下的定义:"从广义的人种学的意义上说,文化或文明是一个复杂的整体,它包括知识、信仰、艺术、道德、法律、风俗以及作为社会成员的人所具有的其他一切能力和习惯。"这个定义强调了文化的完成状态,当对作为文化子系统的"学校文化"进行如上的定义时,我们可以发现,它在被静态描述的同时,也被划定了边界,也就是强调了学校与其他组织的区别,强调了"学校文化"作为学校的一个特定文化特色。

对于后者,强调了"文化"的动词性,荷兰哲学家 C·A·皮尔森(C. A. van Peursen)就是此类观点的代表人物,他在《文化战略》中提出:"'文化'这个术语与其说是名词,不如说是动词。它主要不是指包括诸如工具、图画、艺术作品,更不消说博物馆、大学楼、税务所在内的客体或产物,而是首先意指人制造工具和武器的活动,舞蹈或念咒的礼仪,以及与性爱、打猎、准备食物相关联的各种行为模式。文化的一个方面是传统,即所有物和规则的传递,然而这种传统是包含在人的活动的变化之中的,是包含在现存文化形式所体现的无数变化和发展的可能性之中的。"他认为,"文化是人的活动,它从不停止在历史或自然的过程所既定的东西上,而是坚持寻求增进、变化和改革"。"文化是一个学习的过程","所有的文化,即使是最原始民族的文化也不例外,都可以看作是人对周围力量施加影响的

方式"。

同样,"学校文化"作为文化的子系统被进行如上定义时,我们发现,不能一味地强调学校文化的特点、特性,抓住既往,仅仅依靠文化的传承,会对学校的进一步发展带来前进的障碍。如何思辨学校文化的历史与现今,关注学校文化的创建与发展,在学校文化的传承与创新中建立学校的核心价值观,并以此创生学校发展的动力,通过切实可行的、具体的、可操作的途径予以实现,促进学校的发展,正在成为现代学校管理者的思考与实践。

上海师范大学附属卢湾实验小学的"圆融"文化是这所学校的特色文化,它来源于学校管理者对办学历史的尊重与挖掘,来源于学校管理者对现今办学需求的一份清晰的认识与分析,更来源于学校管理者及学校的师生群体对学校办学未来的一种愿景与向往。"圆融"文化在上海师范大学附属卢湾实验小学有着属于这所学校的一份内涵解读。

圆融:一所学校的文化主题词

(一)"圆融"与"文化"联姻

以下将从"圆"文化、"融"文化及"圆融"文化三个方面对其进行内涵界定,界定从历史维度及现今学校对其的内涵解读两个方面做出阐述。

首先,从历史的维度考量可发现,"圆"文化是中国文化之精髓。我国古代的"圆文化",实际上是中国传统的圆形思维模式,这种思维模式,以对"圆"的亲和为源头,以儒、道两家的圆道观和阴阳五行时空观为核心,体现了顺应自然及其整合规律元素间的密不可分的联系。这种思维模式,既合乎于自然,又超越了自然,以一种均衡、对称的状态,体现出超乎寻常的动能,推动事物的发展,是中国和谐文化的一种体现。

从学校文化的历史维度考量,学校提倡的"圆桌精神"是一种学校背景下的"圆"文化的体现,"平等与尊重、合作与责任、对话与分享"所体现的是学校核心价值观,即在和谐、互通的文化氛围中形成学校发展的正向推动力,促进学校的有效发展。

我们认为的"圆文化"是一种"在平等中顺应、在顺应中发展、在发展中分享、在分享中达成和谐的文化"。

其次,从现今学校的内涵解读可发现,"融文化"是文化的一种特性,"融"作为一个动词,它体现了多元文化的共通、共生与整合。文化是有适应性的,构成文化的诸要素或特质不是随机拼凑的,而是在大多数情况下相互适应而达到和谐一致。人们倾向于自觉改变那些从认知和概念的角度看来与其他信息不一致的信念或行为。从当今的中国教育现状可见,"融合"是对当前中国学校教育在现实状态中走出复杂困境、创造新的文化规范的行为策略的概括,它根植于当前情境,但要制订的却是超越历史和现实的新规范,它要借助于新建的学校文化规范,这样才能推动学校文化的改造和重建。

对于上海师范大学附属卢湾实验小学而言,诚如学校文化 SWOT 分析所示,基于现状的学校文化冲突、教师行为文化认同上的迷茫、制度文化构建上的分歧等因素,呼唤一种建立在文化冲突基础上的融合文化的出现。以学校精神文化为例,两所学校的精神文化——"和谐、大气、低调"与"严谨、细致、奋进"之间需要融合形成新的具有上海师范大学卢湾实验小学特色的"融"文化,也就是我们所希望达成的一种"和谐奋进"的学校精神文化,以消除学校转型合并期的多种文化冲突与矛盾,继而在融合中形成促进学校发展的动力。

我们认为的"融文化"是一种弱化消极因素、强化融合积极因素并继而融合形成促进学校发展的一种学校文化。

综上所述,"圆融"文化是中国文化追求的目标之一,它以吸纳外界作用力促进内部结构的变化,同时由于表面所有点都受到均衡的力量,能够最大程度地吸收外来作用力,最终通过内部的运动很快地将外界力量吸纳进来,泄于无形。有人将这种文化比喻为宇宙中的黑洞,只要周围存在进入自己影响范围内的事物,均会被吸纳,融为自我的一部分。从皮亚杰的发生认知论理论角度而言,这种文化本身就具备了智能,是一种智能文化,这种智能文化的表现就是能够自我修复、自我完善,是一种成熟的文化。

从上海师范大学附属卢湾实验小学的学校文化构建的现状来看,如果把"圆"文化看作是学校文化历史传承的纵向维度,那么基于学校现状的学校文化冲突下的融合文化,即"融"文化是一个横向维度的思考。在这种纵与横的交互之中,"圆"与"融"的交互,静与动的叠加,必将形成属于上海师范大学附属卢湾实验小学特有的学校文化,即学校的"圆融"文化。

我们认为,上海师范大学附属卢湾实验小学的"圆融"文化是一种融合两校原有学校文化之精髓,倡导在"平等与尊重、合作与责任、对话与分享"的和谐奋进的氛围中汲取外力、整合内力、形成高效作用力的学校特色文化,我们把这种"圆融"文化看成是一种根植于学校历史土壤,采集于学校现今养分,从现实指向未来的一种动态的文化(如图0-1所示)。我们希望集学校已有文化中的积极因素,调和弱化学校文化冲突中的消极因素,形成一种能自我修复、自我完善的成熟学校文化,促进学校转型期的过渡,并加速学校的发展。

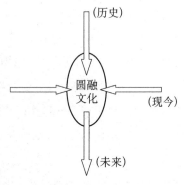

图0-1 上海师范大学附属卢湾实验小学"圆融"文化界定形成图

(二)"圆融"文化的核心元素

"圆融"文化作为学校的一种特色文化,有着自己独特的要素。对要素的清晰认识将会为本研究的实践项目的确定提供方向与指导,我们依据之前的研究分析,对"圆融"文化的要素分析如下:

麦肯锡公司的企业文化"7S"模型理论是较为丰厚且成功的,是一种被国际各大公司广为引用的组织文化模式。同属于组织文化的企业文化和学校文化,在某种意义上有着可供参考借鉴的相通之处。本研究借鉴企业文化建构的"7S"模型,结合学校文化建设的特点及上海师范大学附属卢湾实验小学的历史及现状的需求,创造性地提出学校文化建构的"7S"理论,将上海师范大学附属卢湾实验小学"圆融"文化的"7S"要素界定如下:

【硬件】

组织架构(structure)——基于学校"圆融"文化的圆桌管理模式;

制度标准(system standard)——圆桌管理各项制度标准的制定与落实;

风格标识(style)——学校"圆融"文化的外显标识。

【软件】

战略预测(strategic soothsaying)——基于学校文化SWOT分析的战略预测;

分享愿景(sharing vision)——圆桌精神理念"平等与尊重、合作与责任、对话与分享"的分享并形成学校文化核心价值观;

专业能力(skill)——在"圆融"文化渗透下的教师专业能力的发展并形成专业领衔"首席"教师;

师生行为(staff)——学校"圆融"文化唤醒师生内在潜力,在创新、创意中完成师生的共同发展。

"圆融"文化的"7S"要素以"分享愿景"为核心。形成"3(硬件)＋3(软件)"显"1(分享愿景)"的模式进行彼此间的相互作用,最终形成学校的"圆融"学校文化(如图0-2)。

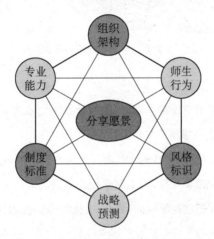

图0-2　上海师范大学附属卢湾实验小
学"圆融"文化"7S"模型架构图

(三)"圆融"文化的结构

一般认为,将学校文化的构成分为物质文化、制度文化、行为文化和精神文化,最外显的是学校的物质文化,其实现条件主要通过"风格标识"这一要素来运作;其次是制度文化,分别与实践模型中的"战略预测"、"组织架构"和"制度标准"这三个要素相互作用;学校行为文化主要通过"师生行为"和教师的"专业能力"要素的作用来实现;最核心的部分是精神文化,是通过"分享愿景"实现学校核心的价值观。

学校"圆融"文化的"7S"要素与学校文化结构分类情况匹配如下(见图0-3):

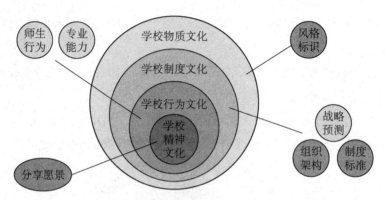

图 0-3 "圆融"文化"7S"要素与学校文化结构分类匹配图

本书的写作目的

通过厘清学校历史,了解学校现今需求,在对学校文化及企业文化这两种组织文化的理论研究的基础上,探索学校"圆融"文化及匹配的"圆融"文化"7S"模型,通过"圆融"文化"7S"模型的创建为后续找寻可操作性的实践项目提供方向与指导。

一方面,在"圆融"文化的创生阶段,面对学校办学的需求与现状,通过历史维度的考量及愿景的设计与畅想,我们把创建学校的"圆融"文化作为学校的特色文化愿景与实现的目标,期望在愿景完善与实现的过程中逐步形成学校师生的共同价值观,在过程中凝聚人心,快速渡过合并校的磨合期,完成学校文化的重组与创生,满足高效合作办学、向社会开放办学等现实需求。在这期间,我们把"积淀内生式"与"植入再造式"这两条路径进行融合,综合两种方式的优势,提炼并创生了属于上海师范大学附属卢湾实验小学的"圆融"文化。

另一方面,我们也清晰地意识到,要解决学校文化营造中不可避免的瓶颈问题,需要我们从实施项目入手,通过项目的落实,在师生共同的实践中来认同学校文化、完善学校文化、营造属于我们学校特色的"圆融"文化。项目实施,是一个在做中体验、在做中发展、在做中营造学校文化的最好路径。因此,在"圆融"文化的完善、提升阶段,我们的实践路径主要聚焦在项目实施上。

我们随之要思考的是,项目的设定是至关重要的,它牵涉到是否能凸显学校特色文化建设的文化韵味,是否能解决学校文化冲突所带来的发展制约,是否能全方位对接学校文化结构分成,最终达成"圆融"文化的全面架构与完善,这些都成为学校管理者需要深层次思考的问题。

本书的研究背景

上海师范大学附属卢湾实验小学的"圆融"特色文化的实践研究之初,我们对研究的理论背景、政策背景以及学校实体进行了全息分析,这些成为本研究缘起的主要依据。

(一)研究的理论背景

本研究的理论背景从社会转型下的文化管理、学校文化、学校特色文化三个视角进行层层递进式的剖析,从文化管理的视角对"圆融"特色文化所属的文化结构进行扩展式的分解。

1. 社会转型与文化管理

综观当前社会,21世纪的中国教育正面临着社会转型期的变革:市场经济成为经济发展的主流;迅速积累的知识促使人类进入了一个"文化的世界";教育的公平、均衡体现着时代的诉求;世界文化的多元整合成为必然的趋势;"个性的尊重"与"天性的顺应"成为人们的追求……综上所述,世界格局的变化、社会的发展、经济的腾飞对教育提出了新的要求。

学校教育管理经历了从经验管理到科学管理再到文化管理的历程。文化管理把"人"假设为有"自我实现"欲望的文化人,通过确立学校的核心价值观并借助各类实践路径将其内化到学校师生的思想意识中,激发他们的主观能动性,提供发展的时间与空间,鼓励创新与探索,实现超越经验管理乃至科学管理的一种高效管理。

2. 学校文化与功能概述

《辞海》对"文化"的解释是:"从广义来说,指人类社会实践过程中所创造的物质财富和精神财富的总和。从狭义来说,是指社会的意识形态,以及与之相适应的制度和组织机构。"

一般公认的学校文化定义为:"学校文化作为文化的重要组成部分,它所特指的是学校成员在教育、教学、科研、组织和生活的长期活动与发展演变过程中共同创造的、对外具有个性的精神和物质共同体,如教育和管理观念、历史传统、行为规范、人际关系、风俗习惯、教育环境和制度以及由此而体现出来的学校校风和学校精神。"

彼德森、柏克和帕克(Petterson, Purkey&Parker)对学校文化的基本原理作了如下概

述:(1)学校文化确实会影响中小学生的行为和成就;(2)学校文化不是从天而降的,它是学校内的人们共同创造和操纵的;(3)学校文化具有独特性,无论它们有什么相似的性质,没有两所学校的文化是完全一样的;(4)从某种程度上说,学校文化给学校提供了改革的核心和明确的目标,以及把学校成员紧紧地团结在一起的内聚力;(5)学校文化还具有负面效应,而且可能成为教育成功的障碍,文化也会对学校内各种不同的亚群体有一定的压制和歧视;(6)持久的根本变革(如教学实践和决策结构的变革)需要理解,而且通常是通过改变学校的文化来完成的。

3. 文化内涵与特色文化

对于"文化"丰富的内涵解读,学者们大体遵循两条途径进行归类:即静态的"文化实体"与动态的"文化活动"。

对于前者,1871 年英国人类学家泰勒(E. B. Taylor)在论著《原始文化》(*Primitive Culture*)中给出了如下的定义:"从广义的人种学的意义上说,文化或文明是一个复杂的整体,它包括知识、信仰、艺术、道德、法律、风俗以及作为社会成员的人所具有的其他一切能力和习惯。"这个定义强调了文化的完成状态,当"学校文化"作为文化的子系统进行如上的定义时,我们可以发现,它在被静态描述的同时,也被划定了边界,也就是强调了学校与其他组织的区别,强调了"学校文化"作为一个特定学校的文化特色。

对于后者,强调了"文化"的动词性,荷兰哲学家 C·A·皮尔森(C. A. van Peursen)就是此类观点的代表,他在《文化战略》中提出:"'文化'这个术语与其说是名词,不如说是动词。它主要的不是指包括诸如工具、图画、艺术作品,更不消说博物馆、大学楼、税务所在内的客体或产物,而是首先意指人制造工具和武器的活动,舞蹈或念咒的礼仪,以及与性爱、打猎、准备食物相关联的各种行为模式。文化的一个方面是传统,即所有物和规则的传递,然而这种传统是包含在人的活动的变化之中的,是包含在现存文化形式所体现的无数变化和发展的可能性之中的。"他认为,"文化是人的活动,它从不停止在历史或自然的过程所既定的东西上,而是坚持寻求增进、变化和改革"。"文化是一个学习的过程","所有的文化,即使是最原始民族的文化也不例外,都可以看作是人对周围力量施加影响的方式"。

同样,"学校文化"作为文化的子系统被进行如上定义时,我们发现,不能一味地强调学校文化的特点、特性,抓住既往、仅仅依靠文化的传承,会对学校的进一步发展带来前进的障碍。如何思辨学校文化的历史与现今,关注学校文化的创建与发展,在学校文化的传承与创新中建立学校的核心价值观,并以此创生学校发展的动力,通过切实可行的、具体的、可操作的途径予以实现,促进学校的发展,正在成为现代学校管理者的思考与实践。

(二) 研究的政策背景

作为置身于国家教育大背景下的学校特色文化的建设,新颁布的《国家中长期教育改革和发展规划纲要(2010—2020 年)》为本研究提供了丰厚的政策依据及导向,本研究对国家中长期规划中有关于学校文化及学校特色文化建设方面的纲领性意见进行归纳整理如下:

1. 国家中长期教育发展规划之学校文化建设

2010 年 7 月《国家中长期教育改革和发展规划纲要(2010—2020 年)》(以下简称《纲要》)正式发行,为中国教育的发展作出了纲要性的规划,代表着中国政府对教育发展的宏观把握与思考。《纲要》指出,"21 世纪是中华民族伟大复兴的世纪。我国经济建设、政治建设、文化建设、社会建设以及生态文明建设全面推进,工业化、信息化、城镇化、市场化、国际化深入发展,人口、资源、环境压力日益加大,调整经济结构、转变发展方式的要求更加迫切。国际金融危机进一步凸显了提高国民素质、培养创新人才的重要性和紧迫性。中国未来发展、中华民族伟大复兴,关键靠人才,根本在教育"。《纲要》从根本上指出了推进社会注意现代化关键时期的教育,在经济、政治、文化、社会建设方面的作用,而作为社会文化的重要组成部分——学校文化的建设必然处于重要的地位。

2. 国家中长期教育发展规划之学校特色文化建设

《纲要》对于现代学校制度的建设方面还提到,"推进政校分开、管办分离。适应中国国情和时代要求,建设依法办学、自主管理、民主监督、社会参与的现代学校制度,构建政府、学校、社会之间的新型关系。适应国家行政管理体制改革要求,明确政府管理的权限和职责,明确各级各类学校办学的权利和责任,形成不同办学模式,避免千校一面"。由此可见,学校应该有文化自觉,当我们现实地面对一所具体的学校的时候,我们更应该从学校已有文化的分析与思辨出发,了解学校文化的历史、分析学校文化的现今、构划指向学校未来发

展的特色文化,凸显属于学校自己的特色。

(三) 研究的实践背景

上海师范大学附属卢湾实验小学作为一所被研究的实体学校,学校的历史、现状需求及未来发展愿景的展望等需要进行全方位的调研及分析,以下主要从学校文化 SWOT 分析的视角对本研究的实践背景进行分析解读。

1. 走进上海师范大学附属卢湾实验小学

上海师范大学附属卢湾实验小学是区教育局与上海师范大学合作共建的一所公办小学。学校于 2007 年 9 月正式由卢湾区丽园路第一小学更名为上海师范大学附属卢湾实验小学。2009 年 5 月,卢湾区丽园路第三小学并入学校。

学校座落于上海市南黄浦地区,与世博园区相邻。目前校舍占地面积 14579 平方米,建筑面积 20266 平方米,拥有近 600 平方米的室内篮球馆和图书馆,1000 多平方米的下沉式广场和近 3150 平方米的运动场地。学校教学硬件设施先进,设有教学临床实验室、心理活动室、计算机房等现代化专用教室 20 余间,为学生提供广阔的体验学习共享空间。

学校目前在岗教职工 113 名,其中在岗教师 84 名。学历分布为:硕士 5 名(5.9%),在读 1 名(1.2%);本科 62 名(72.9%),在读 6 名(7.1%);专科 17 名(20%)。职称分布:特级教师 1 名(1.2%);中学高级教师 7 名(8.2%);小学高级教师 49 名(57.6%)。

学校有着近 60 年的办学历史,在实施素质教育、小班化教育以及二期课改的过程中积淀了较为丰富的办学经验和先进的教育理念。学校的篮球、书法、创意设计、合唱、模型等特色教育项目在区域享有一定的声誉。

随着与高校合作办学机遇的到来,学校结合三年规划的制定,在上一轮的规划中提出了"圆桌教育"办学理念,提出"平等与尊重、合作与责任、对话与分享"的圆桌精神。希望抓住契机,形成合力,实现学校的长期战略定位目标:努力把学校建设成"实验性、示范性的品牌学校"。

2. 上海师范大学附属卢湾实验小学现有学校文化 SWOT 分析

对现今的"学校文化"从学校文化的结构分类进行的 SWOT 分析如下:

表 0-1　上海师范大学附属卢湾实验小学现有学校文化的 SWOT 分析

因素	S(优势)	W(劣势)	O(机会)	T(威胁)
物质文化	● 中心城区,交通便利,毗邻世博园区、南黄浦沿江发展区,体现出地域文化的广融性和开放性 ● 2008 新校舍落成,校舍使用面积居内环之内高水准,硬件设备较好,为校园文化建设提供了物质保障	● 人口导出,生源减少,形成多地理位置的不同生源的纳入,为学校文化的融入性提出了较高要求 ● 专用教室配备尚未完全完成,部分学科教研文化的构建存在物质保障上的缺陷	● 世博的召开,教育国际化的渗入,为学校文化高融性的达成提供教育资源 ● 数字化校园的区级推进已进入试点实施阶段,为现代信息技术促进学校文化的构建提供可能	● 毕业生中部分优质生源的跨区流失,为学校文化及延续文化吸引生源方面提供思考与研究点 ● 硬件配置与新一轮学校发展要求的整合与利用间的差异性一定程度上威胁到学校文化的构建与融合
制度文化	● 学校与上海师大合作办学的过程以"圆桌教育"理念进行内部管理机制的改革与创新,架构完成学校圆桌管理模式并形成相关的管理制度文本	● 高校介入学校发展过程中需学校短期达成超常规发展,与学校发展现状(原区域定位与刚经历两校合并)间的差异,造成学校文化,尤其是学校制度文化构建定位上的部分分歧	● 高校与学校共通的过程中,各机构不断圆融通达的互动前景,为学校"圆融"文化的构建提供制度保障	● 高校介入学校教育管理的融合度问题,成为学校制度文化构建中的重点关注点
行为文化	● 校级层面领导的专业能力较强,课程领导力较强;教师队伍专业要求加强,有较为强烈的理论学习与实践提高的欲望与要求,对学校文化尤其是学校教研行为文化的营造有需求、求探索	● 教师骨干梯队结构尚不够理想,部分学科缺少学科领衔教师,在学校教研行为文化的引领方面存在学科不平衡 ● 两校合并后,学校文化的差异所引起的部分教师文化认同的迷茫	● 中青年教师中有部分教师专业发展潜力较大,有望成为学校行为文化构建实践中的核心团队成员 ● 学校扩班的现状,有引进优质师资的可能,为学校行为文化的构建注入新的促进元素	● 人事制度及绩效工资的岗位设置有可能影响师资的调整与引进,一定程度上威胁到学校计划引进人才为学校文化构建注入新元素的落实
精神文化	● "平等与尊重、合作与责任、对话与分享"作为学校"圆桌管理"的理念已成为学校精神文化的重要体现	● 原丽一小学的学校文化"和谐、大气、低调"与丽三小学的学校文化"严谨、细致、奋进"间的矛盾成为学校文化冲突的集中点。	● 取原丽一之"和谐"加原丽三之"奋进","和谐奋进"型的学校精神文化在"圆桌精神"的映衬下将为学校的发展提供积极的动力源泉	● 学校文化冲突的阶段性反复,成为学校文化整合的潜在威胁

3. 基于学校文化 SWOT 分析的研究问题概述

从现有学校文化的 SWOT 分析可见,在学校文化的历史维度上"圆桌精神"作为学校的核心价值观已被大部分教师、学生和家长所认同,为学校精神文化的传承提供了基础与保障。在学校文化的现今维度上"物质文化"、"制度文化"、"行为文化"等方面均有较为丰厚的优势,为学校文化的创新发展提供保障。

然而,学校目前所面临的现状:由一所规模中等的普通小学更名转变至上海师范大学附属卢湾实验小学,又同时并入了一所小型学校。两所学校合并产生的文化冲突:教师行为文化认同上的迷茫、制度文化构建上的分歧以及物质文化构建上的硬件缺失等等。由于形势严峻、时间紧迫,需要比较快地形成全体教职员工的共同愿景与价值观,使学校能快速度过"转型期"并为进一步的加速发展奠定良好的文化基础,形成大家所认同的一种学校文化,即呼唤一种立足传统与现实文化土壤并超越历史,指向未来的学校"特色文化"的诞生,来促进学校发展的需求。

4. 关于学校文化实践路径的思考

在此基础上,对于如何形成学校的共同价值观、愿景,来凝聚人心、达到快速发展、短期的高效发展等方面学校已作出了一定的思考与探索。目前,关于学校文化构建的核心词汇,已达成共识即——构划形成上海师范大学附属卢湾实验小学的"圆融"学校文化。然而,学校文化作为一个比较空泛的概念,一直以来被认为是形而上的概念,比较"空"、比较"玄",往往缺少实现这种学校特色文化的明确的、可操作的实现路径、方法与技术。因此,寻找实现学校"圆融"文化的实践路径并予以实施成为我们现阶段的思考方向。

研究意义

(一) 理论意义

相对于企业文化而言,学校文化的研究起步比较晚,且对学校文化特别是属于一所学校的特色文化的研究及效应的总结比较少见,因此,本研究在学校特色文化建构领域有一定的突破。主要体现在以下几个理论层面:

1. 借鉴企业文化的成功模式,植入生成学校的特色文化

20 世纪 80 年代,日本企业的崛起给予世界经济界一个重大的震惊,在总结这些成功

经验的过程中，植根于企业的文化对于企业发展的巨大推进作用是毋容置疑的，企业文化的管理是一种"以人为本"式的管理，它尊重历史、尊重人性，在和谐、圆融、通达中形成企业发展的正向推动力。麦肯锡公司所提出的企业文化管理"7S"模型就是这个时期对于企业文化管理的一种阶段性的总结，为企业文化的营造与完善提供了一个范式。

学校文化与企业文化同属组织文化范畴，虽然学校文化的研究稍滞后于企业文化的研究，但同质的特性，使得学校文化的创生与完善有借鉴企业文化成功范式的可能，同时在借鉴的过程中需要充分考虑到学校与企业的运作模式的不同，需要考虑到属于一个学校的特色文化的特质。

综上，此研究为借鉴企业文化成功模式，植入生成学校特色文化提供了一条实践的路径。

2. 在学校特色文化构建方面提供可操作、能产生文化管理效能的实践路径

在学校特色文化的构建过程中，需要找寻系列的项目，使比较"空"、"泛"的学校文化通过项目的操作实施得以进一步的完善与外显。同时，项目的找寻需要与学校文化的结构分层相匹配，使得各个项目凸显各自的特色并起到互补作用。因此，把学校文化"7S"模型中的7要素与学校文化的物质文化、制度文化、行为文化、精神文化四层结构分层相匹配；进而依据各结构分层中的显性要素的特点找寻相匹配的实施项目，使得学校特色文化的构建及实施更有序、有效。

3. 在理论上进一步丰富学校文化特别是学校特色文化研究的成果

依据学校文化"7S"模型，派生形成与学校文化结构分层相匹配的学校物质文化"7S"模型、学校制度文化"7S"模型、学校行为文化"7S"模型、学校精神文化"7S"模型。在理论上丰富学校文化各分类的结构模型的基础上，找寻相匹配实施项目，并以案例的形式积累研究结果。在理论上为学校文化的构建提供案例式的范例，提供一种实践研究的思路及策略。

（二）实践意义

探索一所学校的文化，在形成符合上海师范大学附属卢湾实验小学特色的学校文化过程中寻求适合的项目路径，产生文化管理的效能。主要体现在以下几个方面：

1. 探索学校目前由于文化冲突所引发的发展困境问题,促使学校转型期的平稳过渡,使学校逐渐由弱变强,完成超越式的发展

本研究基于问题、基于现状的需求。由于并校、与高校合作、开放办学等的需求,需要学校以营造并完善属于学校的一种新特色文化来帮助学校及学校管理者度过由于文化冲突所引发的发展困境及瓶颈。

学校文化的创生与引领将基于对"人性"、对"历史"的尊重,将着眼于"未来"、着眼于"开发"的思考,使学校逐步发生由弱变强的转变及完成超越式发展成为可能。

2. 为其他学校的文化建设提供一定的可供借鉴的经验

本研究为学校文化的创建与完善提供系统的架构及实施案例,为其他学校的学校文化建构提供了一定的可供借鉴的实施策略与思考路径。实施项目部分的大量翔实的记录,为后续的研究提供了可供借鉴的鲜活案例。

研究方法

本研究拟定四阶段的研究,分别为计划阶段、实施阶段、反思阶段及总结阶段。并选择适切的研究方法与以上四阶段匹配,列表如下:

表 0-2　本研究研究方法设计说明

阶段	研究方法	预期效果
计划阶段	1. 调查分析法	通过座谈会、访谈、问卷调查等形式对退休教师以及在岗教职员工进行调查,并借鉴企业管理中的 SWOT 分析理论,对学校现有形势进行综合分析,从而寻找出紧迫问题与发展劣势
	2. 文献研究法	通过对"文化"、"学校文化"、"企业文化 7S 模型"等文献的搜索、阅读、学习,吸收并借鉴企业管理中"7S"模型的理论基础,综合学校文化理论和调查分析法中的分析结果,创造性地提出了建构学校文化的"7S"模型。明确把握学校文化建构的"7S"模型研究的目标,同时吸收了一些其他管理案例中成功的经验和做法
实施阶段	1. 案例研究法	以项目为实施点,由项目负责人进行规划,并以案例的形式收集实施过程中的资料,进行案例研究。重在项目实施前的预期效果与项目实施后的实际效果间的比对研究,通过案例的分析形成"圆融"文化实现路径效果的研究报告,确定研究的价值
	2. 观察研究法	通过观察提纲的提示,对参与本课题的各方人员(老师、学生、家长等)的精神、对学校文化认同等方面作出相关分析与观察报告,确定研究的成效

续表

阶段	研究方法	预期效果
	3. 调查访谈法	在项目实施的过程中作两到三次的阶段跟进访谈，收集被访谈对象先后的访谈记录并进行对比来确定研究是否达到预期效果
	4. 调查问卷法	在实施阶段中对学校"圆融"文化相关的 7S 要素作出系列问卷调查，从问卷中了解对学校 7S 文化要素构建实施的效果认同度及为进一步修正实施方案作调整依据
反思阶段	比较研究法	以比较研究的方法对实施阶段的研究内容作前后对比，找出成功经验，并对没有达到预期的项目作调整，在修正方案后进一步落实
总结阶段	经验总结法	结合行动研究，对每个方面的若干案例进行经验总结和提炼，吸取成功经验和做法，使"圆融"学校文化构建得以升华与持续

第一章 让学校文化主张"看得见"

核心提示:

学校物质文化是学校在硬件方面所体现出来的价值观念与教育追求。它是学校文化的硬件,看得见,摸得着。学校物质文化包括学校建筑文化,如学校建筑的布局与命名,校门、壁画、校史馆等;学校绿化与美化,如学校绿化景点、雕塑等;学校内部陈设与布置,如学校教学楼、实验楼、图书馆等厅堂的陈设布置,教室、走廊的布置;学校传播设施,如学校标志的设计与制作,校园网、黑板报、橱窗、阅报栏、标语牌、广播等。如果学校的这些硬件都具备独特的风格和文化内涵,就能潜移默化地影响师生的观念与行为。苏霍姆林斯基曾指出,"孩子在他周围——在学校走廊的墙壁上、在教室里、在活动室里——经常看到的一切,对于精神面貌的形成具有重大的意义。这里的任何东西都不应当是随便安排的,我们要努力做到使学校的墙壁也说话"。学校物质文化应以学校教育哲学为指引,系统地设计学校环境文化的方方面面,让学校文化主张"看得见"。

一、"圆融文化墙"项目的设计规划

"圆融文化墙"项目对接的是"圆融"物质文化层面的实践研究,"圆融"物质文化 7S 模型中显性要素的特点决定着本项目的设定及设计意图的体现。

Ⅰ-1　课程资源角图——课程"即时贴"

Ⅰ-2　课程资源角图——脸谱"万花筒"

（一）设计意图

"圆融文化墙"项目中的"墙"是一个广义意义上的"墙"，涵盖了学校环境布置、互动资源角、课程资源展示等诸多方面的物质文化外显设计及展示。它凸显了"圆融"物质文化中的文化内涵要素的呈现，凸显了"圆融"物质文化的一种互动、融合性。让学校的每一块砖、每一面墙、每一个角动起来，不断地向师生倾诉学校的"圆融"文化及其丰富的文化内涵；让学校的每一员，无论是老师，还是孩子和家长都乐意、愿意与"圆融"文化墙倾诉、互动。在彼此的互动中进一步地认同学校的"圆融"文化、完善发展学校的"圆融"文化，同时彼此倾诉、互动的过程展示又成为"圆融"文化墙最鲜活、最原生态的物质文化展示。

（二）要素运作说明及实施途径

根据"圆融"物质文化 7S 模型的特点选取"圆融文化墙"项目与之对应，在模型中"风格标示"要素为显性要素，直接作用于"分享愿景"要素（"圆融"物质文化 7S 模型图中的实线箭头连接），意味着本项目的设计及实施过程，以凸显"圆融"文化的风格标示为主要关注点。通过整体架构并凸显"圆融"物质文化并找寻相关的实施案例项目的形式，在案例项目的运作中，根据实施的案例的不同特点，带动"圆融"物质文化 7S 模型中的其余隐性要素，如"组织架构"、"专业能力"、"师生行为"等要素间的项目作用（"圆融"物质文化 7S 模型图中的虚线连接），最终达到不断丰厚、完善学校"圆融"文化的目的。要素运作说明详见右图：

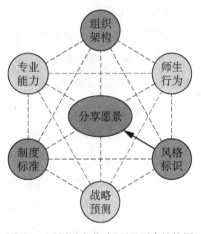

图 1-1 "圆融文化墙"项目要素结构图

"圆融文化墙"项目中的实施途径主要有以下两个方面：

【途径一】在构建学校"圆融"物质文化的过程中，通过整合教师、学生、家长、社区的各方资源，开启"圆融通达"的多维沟通渠道，分享智慧，激发创意，在学校"文化创意中心"的协调下，通过各类实施案例项目，不断形成并丰富上海师范大学附属卢湾实验小学特色的

"圆融"文化外显标识。在本项目的运作中,参与人员在感悟学校文化的过程中,共享"修德允能、圆融通达"的办学理念,进一步完善发展学校的"圆融"文化。

【途径二】项目运作凸显"圆融"文化的内涵,以"倾听·融汇·圆梦"为关键词,以互动的文化墙面、课程文化资源角等为载体,通过案例项目等的实施,倾听学生的心声、圆孩子的五彩童梦。在完善丰厚"圆融"文化的过程中,以"圆融"物质文化综合带动"圆融"行为文化、"圆融"精神文化等的综合发展。

二、"圆融文化墙"项目的实践要点

"圆融文化墙"项目的实践以凸显学校"圆融"文化为思考原点,在实施的过程中以实践要点的形式保证项目的实施与学校"圆融"文化构建、完善间的紧密关系的体现,具体的实践要点如下:

【要点一】文化凸显

在"圆融"物质文化实践案例中,均以学习"圆融"文化为思考原点进行系统化设计,每一个案例的设计中把"圆融"文化进行外显标示化的设计与展示,以造型艺术的表现形式,象征学校的"圆融"文化及以此衍生出的学校办学理念"修德允能、圆融通达"。每一个案例的设计及实施从文化的角度进行内涵的外显标示,使每一个案例渗透出浓浓的文化韵味,案例与案例之间又以"圆融"文化为内核进行串联,突出学校的核心价值观。

【要点二】创意优先

"圆融"物质文化实施的过程中,倡导创意与创想。学校成立"学校文化创意中心",鼓励教师、学生和家长们主动参与到学校校园文化的设计与实施过程中去,在智慧分享的过程中激发创意;在圆融通达中不断完善学校的"圆融"文化,使学校的每一景、每一角成为师生共同创想、创意的文化角,师生乐于参与的创意互动资源角。

【要点三】资源整合

"圆融"物质文化的实践方式突显学校的办学理念"修德允能、圆融通达"。学校、家长、社会资源的整合使"圆融"物质文化实践项目的落实更具融合性、开放性。资源的整合使项目实施的质量得以保证,同时使项目参与的人员之间,因合作、互动的形式相互认识、认同,为学校"圆融"文化的完善提供真实的项目实施途径。

以上三个实践要点,成为选取及落实"圆融"物质文化实施案例项目的关注重点,在具体落实的过程中要点间是彼此关联,相互作用的,也反映出学校"圆融"文化的"圆"文化与"融"文化的文化内涵与本质。

三、"圆融文化墙"项目的实践案例

依据"圆融"物质文化实践要点的要求,选取实践项目案例,每一个实践案例均以突显"圆融"物质文化 7S 模型中的"风格标识"要素为重点并带动其余隐性要素的综合联动效应为实施路径。列举案例如下:

案例一:"寄给丽园的明信片"

【"丽园"明信片的文化背景】

上海师范大学附属卢湾实验小学的进门圆厅中有一张大大的明信片,这张明信片被孩子们亲切地唤作我们"丽园"的明信片,校址所在地的邮编"200023"赫然出现在明信片的左上方;由校徽所衍生出的纪念邮票悬挂在明信片的右上方。明信片的每一个组成部分可以是转动的,一面相拼成为蕴意学校"五彩童梦"课程的五彩条的交汇组合;另一面是一张张孩子的美术作品,描绘着他们心中所向往的或已体验到的所喜爱的学校的场景。匹配着这张巨大的明信片,两个大邮筒矗立在明信片的两旁,这是孩子们与"丽园"、与"老师"们尽情交流的平台。由这个平台衍生出了学校各类的文化标识——世博地图、校园海报、个人名片、纪念邮票、丽园明信片等。

"丽园明信片"的设计及运作过程中,"修德允能、圆融通达"的办学理念始终

融合在设计理念之中。促使"圆融文化"7S 模型中的"风格标识"要素指向其余的各类要素,综合运作,最终不断完善凸显学校的"圆融"文化。

寄给丽园的明信片

尊重孩子的天性,融于通达互动之间;倾听孩子的心声,融于倾听表达之间;实现孩子的梦想,融于实践探索之中。寄给"丽园"的明信片,带着孩子们的创意和梦想来到了我们身边。"寄给丽园的明信片"是学校从学生个性化教育角度进行考量后生成的一个新兴文化产物。它包含着世博地图、校园海报、个人名片、纪念邮票、丽园明信片等多种体现素材,将孩子们的创意与实践相统整,将技能与探究相融合,将生活与学习相关联,在作品与情感之间架起合作沟通的桥梁,建立起平等尊重的校园氛围。逐渐形成具有学校特色的多位一体的教育网络结构和文化管理模式,为学生的校园生活增添更多的亮色。

在学校"圆融通达"教育思想的引领下,"寄给丽园的明信片"以文化渗透的方式,将学生校园生活与家庭生活、社会责任、人文素养、情感交流等进行有效地统整。以"明信片"为文化链接线,通过课程拓展、资源整合、信息传递等,逐渐扩大着教育的影响力,融汇学校秉承的文化管理理念。在实践的旅程中引导孩子们追寻梦想、坚定信念。让他们从社会中体会服务的意义、生活的乐趣、团队的合力、生命的价值,使每一位卢湾实小人对学校所倡导的圆融文化形成核心价值观和归属感。

(一)"丽园"明信片,圆孩子的五彩梦

1. 孩子与我喜爱的学校"对话"

"希望校园是一个欢乐的大家庭","希望校园像夏天的冰激凌一样诱人","希望学校在海底,我们可以和鱼儿做朋友"……这些稚嫩的话语来自孩子们的心声,这些真心的表达传递着孩子们对学校的热爱。一张张精美的明信片,带着我们漫步在美丽校园;一句句真情流露的话语,让我们领略到卢湾实小圆融通达的文化。我们生活在同一个屋檐下,共同呼吸,共同成长。"丽园"的生活是如此美好,"丽园"的明天将由我们铸造!

相信很多年后,当我们再次抚摸那些散发着孩子们心情的字画,翻看着一张张充满童真的明信片时,我们依然能感悟到孩子们敞开心扉的真情流露。

I-3 "寄给丽园的明信片"图——"心语心愿"

2. 孩子与五彩课程的"对话"

孩子们寄给"丽园"的一封封明信片,唤起了我们心灵最深处的温情。其中"五彩童梦"课程版面吸引住了我们的视线。红色理想印刻着小脚丫成长的足迹,孩子们将走进伟人故居,重温革命经典的历程书写在明信片中;绿色探究版面带我们漫步在科技创新的世界,自然探秘,探究实验报告都一一印在卡片上;蓝色智慧让孩子们遨游在知识的海洋里,他们留下了充满智慧与个性的作业;橙色灵动则让个性阳光的你我健康快乐,快乐游戏总能唤起我们孩童时的回忆;紫色充满遐想,创意绘画课中孩子们围坐在一起,有的埋头画画,有的相互交流,还有的低头沉思,他们用画笔诉说着对学校的喜爱之情,对艺术的美好憧憬。"五彩童梦课程"明信片集的诞生开启了孩子们追梦的道路!

3. 孩子与精彩世博的"对话"

世博会是学校教育的最佳契机,学校挖掘并整合了来自社会各方面的教育资源,引进"信息技术综合能力"课程。低年级的学生与家人一起走进世博园,感受世博的气息,他们将世博会的场景用海报的形式呈现出来。蓝蓝的海,黄黄的沙,绿绿的森林……每张海报将我们带入一个个精彩纷呈的世博场馆。中高年级则以志愿者的身份投身到世博大舞台中,小记者、小设计师、小讲解员、小礼仪员等等,不同的身份在他们设计的名片上得到一一呈现。

来到三楼计算机房,那里的气氛热烈,孩子们正在讨论、评价着。原来他们在讨论一组图片,这组图片是"家"游世博亲子家庭的创意作品,上面有家长和孩子们的观博感言;还有一些组图是孩子们根据自己参观世博会后设计的观博线路地图,这些观博地图简便易携带,将深受大家喜欢的场馆一一进行了标识;要将这些收集来的材料制成精美的明信片作品,孩子们和老师可是集智慧与创意于一身。只见在老师的指点下,这些图片经这些电脑小高手的创意设计和汇编,一张张精美绝伦的"寄往丽园的明信片"呈现在我们眼前。

学生们设计的世博地图、纪念明信片、世博邮票等与"家"游世博主题活动紧密相连,为人们带来便利的同时,更多的是惊喜和感动。

(二)"丽园"明信片,承载责任与希望

一张小小的明信片寄托着一份情感,承载着一种责任,憧憬着一个希望。"丽园明信片"伴随着孩子们迈入一个充满智慧和创意的成长天地,在它的衬托下,校园呈现出温馨圆融的文化景象。它与社会实践活动相融合:"点亮希望、关爱行动、军民同庆、我爱我家;亲子活动:家游世博、全家一起来、亲子加油站;志愿者服务:成立啄木鸟、宣讲团队伍,设计地图指南等活动进行全方位、多渠道、多途径的组合,充分体现了学校教育的统整性和文化管理所倡导的核心教育价值。

(三)"丽园"明信片,我们的实践与思考

"寄给丽园的明信片"作为学校教育的一个纽带,充分体现着以学生为本的教育公平性和核心价值观。教师、学生、家长、社会等多方情感在这里汇聚和交融。在每个孩子充满智慧火花的作品中,我们感受到他们对学校的一种责任,一份关注。在孩子们的作品中,我们可以真切地感受到他们的真诚和尊重,学校是我们共同的家园,学校秉承的圆融通达的文化氛围为孩子们的生活增添了更多的幸福指数。在这个能展现个性创意、体验实践探究的多元文化中孩子们将收获更多。

学校推出的"寄给丽园的明信片"这一个多元主题,作为一份个性"作业",作为一个拓展课程,作为一种文化传承,作为一种精神传扬……都给我们每一位带来激励和欣喜。在每一张汇聚着创意的作品中,我们感受到来自孩子们的心声,它们传递着孩子们对社会的感恩和责任,对生活的憧憬与追求,对理想、新型学校的畅想和热爱,孩子们的创意将校园生活点缀得多姿多彩。

今天的时光终会成为遥远的过去,点滴的话语会是孩子们无法忘却的记忆。很多年后,孩子们的墨迹依然清晰,他们的心语被明信片记下时间的印痕,记下"希望校园是一个欢乐的大家庭","我喜欢的五彩课程……"这一段段校园生活中点滴的萌动,将永久留存在每个卢湾实小人的心中。"寄给丽园的明信片"这一具有代表性的文化传递活动,将引领着每一位卢湾实小人张开理想的翅膀,放飞心中的梦想。

案例二:"互动的生态水景观"

【"生态水景观"的文化背景】

上海师范大学附属卢湾实验小学的校园里有一方学生最愿意去的场所,这儿有水、有鱼、有龟,还有一簇簇碧绿的水生植物。一辆高高的水车可以把水处理的整个过程展现在你的眼前。"丽园水景"不仅是学校标识的一部分,更成为师生乐去的课程资源角,和大自然亲近、探究神奇的科技世界。从水景观的设计开始,"修德允能、圆融通达"的办学理念就融合在设计理念之中。老师、学生乃至家长在水景观中的互动,促使"圆融文化"7S模型中的"风格标识"要素指向其余的各类要素,综合运作,最终不断完善凸显学校的"圆融"文化。

Ⅰ-4　"水景观"图——亲水平台戏鲤鱼

互动的生态水景观

　　上海师范大学附属卢湾实验小学有着近60年的办学历史,从开创时期的"修德"义务学校,到实施素质教育在全市首批探索实验小班化教育,再到与高校合作办学过程中提出"平等与尊重、合作与责任、对话与分享"的圆桌办学理念。现今,学校"修德允能,圆融通达"的提出,正是传承了学校办学历史的特色精华,顺应了学校现今办学的社会需求。

　　就"圆融"而言,它是一种境界,是一种对学校核心价值观的坚守与认同,是一种气度,是一种对学校文化的包容与吸纳,是一种方法,是一种对教育资源的融汇与凝聚。

　　"个性阳光、文明尚礼、智慧创新、和谐圆融"的现代圆融型小学生需要我们提供一系列"圆融文化墙"来为他们服务。

　　学生对于自然的热爱是天性,对于神秘的探寻也是天性。把一潭死水变为活水,把一个地标还给孩子,这是学校文化设计的源泉。为此,我们设计并完成了丽园水景系列景点的建造,让其成为生态校园的神奇去处。

(一)丽园水景的设计思考

根据上海市地方志所述,学校的位置原是洞庭东山会馆(丽园路433号—437号),靠近肇嘉浜路,而肇嘉浜原是上海地区一条东西走向的通航河流,原河道从黄浦江上溯进入大东门,穿越上海县城,出老西门,斜向西南至斜桥,向西经过卢家湾、打浦桥、徐家汇,通往松江府城。

学校在新校舍设计过程中,在学校行政楼与篮球馆的交界处留有一个面积为300平米的水池,从效果动画中不难看出有着波光粼粼之感,但实际上进入新校区后,效果与实际有着很大的距离。

纵观学校所处地理位置的历史渊源,这里原为斜桥地区,当时沟渠纵横,湿地天然。为此,我们把水池定名为"丽园水景",以纪念原有学校之名,同时,结合学校自然学科的生态教育的要求,建立小型的湿地生态园,种植上海的基本湿地植被,如芦苇等,以禾本科、菊科、十字科植物为主,养殖一些锦鲤、螺蛳等小动物,并将水的净化、水力的运用等元素结合其中,让"丽园水景"成为学校参与生态研究与发现的神秘去处。

I-5 "丽园水景"图——亭台水车舞翩翩

（二）丽园水景的功能呈现

1. 数学角

水景观旁的数学角,分为数学角外廊和数学角内厅两部分,其中内厅又可分为低幼区以及中高区。

数学角外廊陈放的是中外著名数学人物的一些耳熟能详的经典小故事片段,让学生通过观看这些没有答案的小片段,激发学生的求知欲和学习兴趣,自主的进入数学角探求故事的结局或者答案。

数学角内厅以中国和外国数学人物为分支,分别为主要介绍中国数学人物的低幼区和主要介绍外国人物的中高区。

我们为学生建立数学角闯关机制——在每个人物介绍的最后附上一题数学思维题,难度递增,每题的答案可以在低幼区内的书籍或者其他地方寻找到,作出一题后继续闯关。学生可以通过尝试解题,体验数学思维的过程、解题的成功或失败。我们还为学生增加了寻找正确答案的一个历程,无论学生是否作出解答都可以通过自己的智慧在低幼区中寻找到正确的答案,从而在潜意识中告诉学生,只要去寻找,就能得到答案。

Ⅰ-6 "数学角"图——玩转数学乐无边

【低幼区】

低幼区主要以中国著名数学人物作为主线,介绍他们的出生日期、生平等。根据低年级的心理特点,低幼区的装饰以数字为主。凳子用数字凳,并且配有七巧板、24点等数学游戏器具。

【中高区】

中高区内容主要以外国著名数学人物为主,形式和低幼区相同。在装饰上选择使用几何图形。使用长方体、正方体、圆柱等作为凳子,学生可以更加直观地在搬凳子的过程中触摸、认识、熟悉这些几何体。游戏器具以魔方、智慧金字塔、鲁班锁为主。

校园文化中互动的文化环境在数学角被表现得淋漓尽致,在那里的每一个细节都蕴含着教育目的,影响着学生的意识、思维与行动。

2. 水生动植物区

我们相信,如果一个学校的校园文化环境的创设能让学生与其互动,能融入自己的想法,能体现自然的情趣,那么这样的环境便能激发学生的参与热情、激发学生的探究热情。对于水景观中的水生植物的选择,我们尽可能地把上海原生态的一些植被种植其中,我们甚至还想把浮萍及水葫芦也种植其中,让水景观中的植被与自然学科教学中的一些知识点相交融,让孩子们不走出校园,也能观察到自己需要的植物。孩子的需求就是我们的追求,孩子们养殖蚕,我们为他们培育桑树。孩子们养鱼,我们在水景观中,和他们一起养殖锦鲤。我们把螺蛳和河蚌放入,因为是孩子们自己的选择,他们常常会去关注、观察。关注动植物的时候,也正是关注生命的过程。这些举措使相当多的学生重新认识学校、认识自己的价值,建立起责任心和荣誉感。

3. 净水装置及水力运用

孩子们需要了解,怎样让水不会富营养化,水景观不会变成臭水塘。我们的学生与老师有办法——把水车植入水景观,水车不是一个静态的景点,让水带动水车转动,建立一个水池自动净化装置,包括循环泵、过滤箱,我们的创意让池底的静止水变成动态的循环流动的水并经过过滤箱而变成干净卫生的水后再回流到水池中,保持水质的新鲜。

这里蕴含着机械与物理,这里蕴含着环保与智慧,这里是学生体验神奇的最佳去处。

(三)后续深化

校园环境的创设不是一种物质的堆砌,它必须融入学校的核心价值观和办学理念,这就是"和谐"。和谐的校园文化环境,必须体现本校全体师生共同的思想、情感、审美观和价值观。

俗话说:"说者无意,听者有心。"我们要做的是"说者有心"——在学校文化的建设中,我们通过课堂、实践、拓展等模式,让学生学会了解自己的真正需求,让学生学会某种发表心声的能力,让学生学会在不同场合与不同人沟通的本领。这样的学生声音才有质量,学生的文化自觉才有意义。我们要做的是"听者用心",让我们的老师善于倾听、学会倾听,用我们的真心、爱心、责任心,用我们的教育智慧让孩子们的"声音"梦想成真。我们要让学校成为学生可以自由呼吸的地方。

在后续进一步的完善中我们不但要提升我们的文化育人功能,更要提高我们丽园水景的生态育人功能。

我们说:教育是充满智慧的相互对话,教育是传承与创新文化的相互融合,学校文化体现了育人功能。

第二章 学校文化在制度之外

核心提示：

学校制度文化是渗透于规章制度和学校管理中的价值观念与行为方式。过往，追求效率，强调服从，注重统一，在繁琐、刻板、划一的制度之中，人陷入了由制度之网构筑的"铁笼"之中（马克斯·韦伯语），人由制度的创造者沦落为制度的奴仆，生命的意义与价值被边缘化，学校因此缺少"文化味"，产生"制度在左，文化在右"的现象。构建有特点的学校制度文化，关键是要使学校由"藩篱"变成"家园"。家是生命的寓所，只有在家的环境中，生命才得以放飞。"回家"的路可以是多种多样的，但关键在于，我们必须在制度文化建设中重塑人的尊严与生命的可贵，必须以生命生成的观点重建学校制度文化。智慧的学校管理者会把握管理的真谛，也会制定严厉的制度规范约束人们的行为准则，用一种清晰的陈述规定人们应该做什么，不应该做什么，但他们更注重努力创设一种氛围，让人们凭自己的良心去尽自己的义务，展示自己的潜能，把这些规则内化为每个成员的自觉行为，能够让大家有一种舒适感、满足感、陶醉感和自豪感。

一、"圆桌管理"项目的设计规划

"圆融管理"项目对接的是"圆融"制度文化层面的实践研究,"圆融"制度文化 7S 模型中显性要素的特点决定着本项目的设定及设计意图的体现。

（一）设计意图

"圆桌管理"中的"圆"取自几何学、美学上的"与中心点的等距,平等、平衡"之意;"圆桌"更是"平等与尊重、合作与负责、分享与对话"的象征。在圆桌上人与人之间没有高低贵贱之分,亦没有你强我弱之别。真正平等民主的对话产生于和谐的交谈氛围中,只有这样的交流才可能是真诚且高效的。上海师范大学附属卢湾实验小学的"圆桌管理",寓意着学校的管理融合各方教育资源之意;寓意着学校管理的组织架构间的圆融通达、无缝隙对接之意;寓意着学校的管理制度以人为本,从战略预测着手,引入管理者、被管理者各方,协商共享、共同认可并坚守之意。"圆桌管理"实践项目中"圆融"文化蕴意着无论是校长、教师,还是学生、家长,都有民主平等、相互尊重、相互协商之精神。我们将"圆融"制度文化视为现代学校民主管理与协作制度的精髓,也是培植师生圆融文化精神的保证。

（二）要素运作说明及实施途径

根据"圆融"制度文化 7S 模型的特点选取"圆桌管理"项目与之对应,在模型中"战略预测"、"组织架构"、"制度标准"三者为显性要素,直接作用于"分享愿景"要素(见"圆融"物质文化 7S 模型图中的实线箭头连接),意味着本项目的设计及实施过程,从学校文化的战略预测着手(学校文化 SWOT 分析)、基于学校文化现状、现实需要及未来愿景为思考,以凸显"圆融"文化的组织架构及协商、通达形成的人性化管理制度的制定与实施为主要关注点,通过"圆桌管理"项目的实践凸显"圆融"物质文化并找寻相关的实施案例项目的形式,在案例项目的运作中,根据实践案例的不同特点,带动"圆融"物质文化 7S 模型中的其余隐性要素,如"专业能力"、"师生行为"等要素间的项目作用(见"圆融"制度文化7S模型图中的虚线连接),最终达到不断丰厚、完善学校"圆融"文化的目的。要素运作说明详见下图:

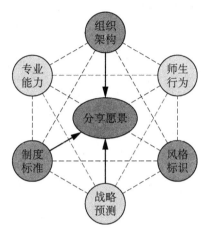

图2-1 "圆桌管理"项目要素结构图

在"圆桌管理"项目中的实施途径主要有以下三个方面:

【途径一】通过SWOT分析,对上海师范大学附属卢湾实验小学的学校文化的四类分层进行优势、劣势、机遇与挑战的分析。从学校文化的历史维度及现实需求的视角进行情况排摸及汇总,为学校文化特别是学校的特色文化——"圆融"文化的愿景生成及后续实践思考提供思路。在SWOT分析中,从学校"圆融"文化的愿景出发,直面两校合并、高校合作、开放办学等现实问题,体现学校办学理念中的核心精神"修德允能、圆融通达"。

【途径二】以学校"圆融"文化为引领,梳理、重构并运作了学校内外部的管理组织机构。在外部组织机构上,成立监事会、家委会、社区委员会等凸显各方教育资源融合互通的开放办学型组织架构;在内部组织机构中,成立一室三部(校长办公室、课程教学部、德育活动部、教育服务部),并着力于部门间的协同互动型运作。学校管理从文化层面运作,提倡"强化学科、弱化行政"的管理思路;通过文化管理,达到"修德允能、圆融通达"的办学理念。

【途径三】学校管理制度的酝酿、实施与调控的过程,是一个引入各方教育资源的过程,学校管理者、高校专家团队、教师资源、家长资源、社会资源等的互通互融,协商型的人性化管理制度的制定与实施成为实现学校办学理念中"圆融通达"层面的最好途径,同时也

为学校"圆融"文化的生成与完善提供保障。

二、"圆桌管理"项目的实践要点

"圆桌管理"项目的实践以凸显学校"圆融"文化为思考原点,在实施的过程中以实践要点的形式保证项目的实施体现与学校"圆融"文化构建、完善间的紧密关系,具体的实践要点如下:

【要点一】办学理念厘清

在"圆融"制度文化实践案例中,均以"圆融"文化及以此衍生的办学理念"修德允能、圆融通达"为思考原点,在厘清办学理念的基础上,在每一个案例的设计中把"圆融"文化在制度文化层面划归为人性化的制度文化来实施学校的文化管理。在文化管理的过程中,学校核心价值观的分享成为每个项目设计的必须思考,同时项目的实施又为学校核心价值观的分享、内化、升华提供可能。

【要点二】强化学科　弱化行政

在"圆融"制度文化实施的过程中,提倡"强化学科、弱化行政"的管理思想,为学校圆融文化及人本文化管理提供思考方向。管理不仅仅靠硬性的规定性的制度加大管理者与被管理者之间的距离,而应以学校核心价值观的分享、学校文化的营建为主导。管理者必须拥有丰厚的学科背景,在本学科有引领的学科话语权,同时在不减轻学科工作量的基础上,为学校、为教育教学提供管理服务。学校管理者与被管理者之间首先拥有专业的平等话语权,"强化学科、弱化行政"的管理思想通过学校教育教学管理者的服务来体现。刚性的制度、柔性的实施,为学校制度文化的营建奠定基础。

【要点三】协同互动　人性管理

"圆融"制度文化的实践过程中凸显学校管理的人本性及文化管理的特性。在学校圆融文化的引领下,管理是通过学校各方,包括学校管理者、高校专家团、教师、家长、社会办学力量等的协同,无论是学校外部组织结构间的协作、内部组织机构间的协作及内外办学组织机构间的协作均以分享圆融文化的愿景为导向,通过允能与修德,通过圆融与通达,达到人本管理、文化管理的效能。

三、"圆桌管理"项目的实践案例

依据"圆融"制度文化实践要点的要求,选取实践项目案例,每一个实践案例均以突显"圆融"制度文化 7S 模型中的"战略预测"、"组织架构"或"制度标准"要素为重点,带动其余隐性要素的综合联动效应为实施路径。列举案例如下:

案例一:"SWOT 分析"与"圆桌管理"的架构实施

【"圆桌管理"架构的文化背景】

上海师范大学附属卢湾实验小学三年规划(见附录 1)的起始页上有着一张大大的表格,表格的内容是针对学校作出的 SWOT 分析。SWOT 分析从两维的角度,分别对学校的地理环境、硬件设备、教师资源、行政人员、学生状况、家长配合、社区参与、高校资源七大方面做出了优势、劣势、挑战、机遇层面的全息分析。本项目案例的运作凸显"圆融"制度文化模型中的"战略预测"要素,使基于"战略预测"要素的 SWOT 分析成为学校"圆桌管理"过程中"制度标准"、"组织架构"要素凸显的基础,并通过各个要素的综合运作,进一步凸显学校"圆融"文化,完善、践行学校的办学理念——"修德允能、圆融通达"。

"SWOT 分析"与"圆桌管理"的架构实施

学校管理是一门科学,而在其运用的过程中却体现出一门艺术的特质。管理的真谛可能不仅仅局限在——守土有责,做正确的事;循规蹈矩,用正确的方法做事情,而应该上升到智慧决策,用正确的人、用正确的方法去做正确的事甚至是一些新鲜的、有创新的事。

上海师范大学附属卢湾实验小学是一所区教育局与上海师范大学合作共建

的公办小学。学校于 2007 年 9 月正式由丽园路第一小学更名为上海师范大学附属卢湾实验小学。2009 年 5 月,丽园路第三小学并入本校。学校座落于浦江沿岸,与世博园区相邻。目前的校园教育使用面积及硬件配套设施等在上海中心城区范围内占据前列水平。随着与高校合作办学机遇的到来,学校结合新一轮办学规划的制定,提出了"修德允能、圆融通达"的办学理念,提出在"平等与尊重、合作与责任、对话与分享"的过程中,公平公正地对待每一位学生,整合各方教育资源、开放办学,以学校"圆融"文化的引领,通过"圆桌管理"模式在激发师生个性潜能的同时,综合提升师生的能力,提升学校的办学品质。

(一) SWOT 分析——通悟中提升"情景智慧"

每所学校都有自己发展的文化脉络与情景历史,SWOT 分析法是一种对组织(学校)的优势、劣势及其所处环境中的机会和威胁的分析方法。在学校管理过程中,我们同样选择了 SWOT 分析这一方法,对上海师范大学附属卢湾实验小学的现状进行了全息分析如下:

表 2-1 学校 SWOT 分析表

因素	S(优势)	W(劣势)	O(机会)	T(威胁)
地理环境	● 中心城区,交通便利 ● 毗邻世博园区,南黄浦沿江发展区 ● 幼小、中小衔接对口园校有社会声誉较高	● 人口导出,生源减少	● 世博的召开,教育国际化的渗入 ● 教育链的构建与发展	● 毕业生中部分优质生源的跨区流失
硬件设备	● 2008 新校舍落成,校舍使用面积居内环之内高水准,硬件设备较好 ● 拥有市第一套教学临床实验室设备	● 专用教室配备尚未完全完成 ● 现代信息技术促进教育教学发展效度方面有待于进一步提高	● 数字化校园的区级推进已进入试点实施阶段	● 硬件配置与新一轮学校发展要求的整合与利用

续表

因素	S(优势)	W(劣势)	O(机会)	T(威胁)
教师资源	● 校级层面领导的专业能力较强,课程领导力较强 ● 教师队伍专业要求加强,有较为强烈的理论学习与实践提高的欲望与要求 ● 拥有特级教师、区学科带头人及区骨干教师团队	● 教师骨干梯队结构尚不够理想 ● 部分学科缺少学科领衔教师 ● 两校合并后,学校文化的差异所引起的部分教师文化认同的迷茫	● 中青年教师中有部分教师专业发展潜力较大 ● 学校扩班的现状,有引进优质师资的可能	● 人事制度及绩效工资的岗位设置有可能影响师资的调整与引进
行政人员	● 校级领导班子年轻、务实有思想 ● 高校课程专家介入学校校级领导班子	● 部门及人员设置配备尚未达到最优化	● 行政部门负责岗位竞聘制	● 传统人事任免的习惯影响
学生状况	● 学校与高校合作之后,生源状况较大改观 ● 学习兴趣广泛、思维能力较高的生源数量逐年递增	● 低年级与高年级生源家庭情况的差异较大	● 差异性所引发的学生个性化发展的课程观的确立与实施	● 多元教育价值观的取向不同 ● 素质教育与应试教育的矛盾冲突
家长配合	● 近年来,家长对学校工作的关注度逐年提高 ● 家委会从家长学校、课程开发、调研反馈方面直接介入学校的管理工作	● 对学生成绩的期望值过高	● 家校沟通平台的逐步完善与加强 ● 各级家委会参与学校管理的意识加强	● 对素质教育的不理解 ● 受社会从众心理的影响,在家庭教育中加重学生学业负担
社区参与	● 学校与社区、居委的联通加大,互动频繁 ● 学校教育资源的社区开发与整合力度加大	● 学校与社区资源整合,进一步提高教育效能方面需提高 ● 社区参与学校规划、发展的力度方面有待于进一步提高	● 社区文化中心的建设不断提高,为学校整合社区资源提供可能性	● 社区的社会教育责任

续表

因素	S(优势)	W(劣势)	O(机会)	T(威胁)
高校资源	● 上海师大小学教育研究所成为学校管理咨询常态机构 ● 监事会制度促进学校管理的协同有效发展	● 高校介入学校发展过程中需学校短期达成超常规发展,与学校发展现状(原区域定位与刚经历两校合并)间的差异	● 高校与学校共建的过程中,高校与学校在相关领域合作共进,形成和谐共建的局面	● 高校介入学校教育管理的融合度问题

通过如上的分析,我们可以发现——就目前的学校现状与发展而言,充盈着多对二元性的关系:

两校共建:高校介入学校发展过程中需学校短期达成超常规发展,与学校发展现状(原区域定位与刚经历两校合并)间的差异。

两校合并:两校合并后,学校文化的差异所引起的部分教师文化认同的迷茫。

两类学生群体:低年级与高年级生源家庭情况的差异较大;差异性所引发的学生个性化发展的课程观的确立与实施。

"通悟"是一种在学校管理中灵敏感悟、把握大局的能力,是学校办学"战略预测"的目标。通过 SWOT 的分析,通悟学校发展中的多元因素,尤其是通悟到了学校办学过程中多对二元性关系之后,一种"情景智慧"自然而然被激发,如何基于学校已有的文化脉络、情景历史、现有的威胁与机会,智慧地找寻管理突破口,借助二元性关系中的差异势能,促进学校的发展成为我们的思考;转化二元性关系中的差异势能,成为基于"圆桌管理"的决策动力源泉,同样成为我们的思考。

(二)融合实施——"圆桌管理"架构实施

SWOT 是一种基于学校现状的科学分析,体现了学校管理中刚性的一面——科学性。然而,在具体的操作过程中,刚性、科学的分析需要艺术性地实施才能达到"软着陆"、"显成效"的期望目标。在这一过程中,我们基于 SWOT 分析结果中的"二元性"因素,进行如下的融合实施策略:

1. 融入高校管理因素,构建课程教学管理新模式

学校与上海师范大学合作办学之后,实行的是校务委员会协调下的"一室"(校长办公室)、"三部"(德育活动部、课程教学部、教育服务部)和"党支部、工会"联动的学校管理决策、执行、监督运行模式——"圆桌管理"模式。

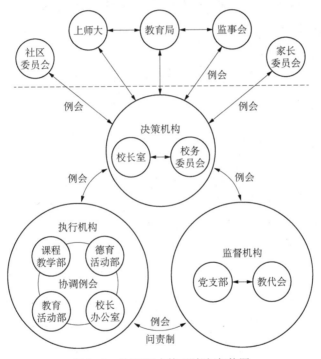

图 2-2 学校"圆桌管理"部门架构图

其中,以课程教学部的运作为例,我们可以发现融入高校管理模式之后,对于学校课程勾画与运作而言,管理的架构有一种推进促进作用。然而,高校与基础教育学校的管理模式上的二元性因素,使得学校的学科建设方面产生管理的真空带,这将影响到学校教学质量的有效提升。

基于以上的分析与思考,我们把基础教育学校管理过程中注重学科管理的

优势与高校学校管理中注重课程建设的优势进行充分的融合,从新一轮规划实施开始,我们在考察每位课程教学部负责老师的学科背景及课程建设与开发特长的基础上,再次进行了任务认定,每位老师将担负起课程开发建设的任务,如国家课程校本化实施的落实、拓展型课程的开发实施等;同时每位老师又是学科专业团队的领衔者,担负着学科专业团队的引领、建设的任务。在课程教学部的运作过程中,他们之间呈现着可分、可合的"蛛网"合作模式,这种"蛛网"合作的模式随着合作网络节点的增加,产生极大的能量。

这种学科领衔制、二元背景下的"蛛网"合作模式的确立,其实体现的就是学校办学理念中"责任与合作"的元素,即"圆桌管理"的内涵所在——"修德允能、圆融通达"。

2. 融合两校校园文化,创建团队建设评价新导向

两校合并是目前学校所面临的现状,学校的教师主要来自于原丽园路第一小学和丽园路第三小学。就如每位孩子有自己独特的个性和性格特点一样,这两个学校在文化脉络与办学情景上也有着迥然不同的特点。如果说"和谐、大气、低调"是原丽一的性格特点的话,那么"严谨、细致、奋进"则是原丽三的性格特点。我们相信性格无所谓优劣,但它可以根据发展和成长的需要,进行后天的锻造。看似迥然不同的两种"情景性格",但都有着各自的优势与所长。在对学校校园文化的二元性因素的通悟下,"融合"成为我们的行动决策,取丽一之"和谐"加丽三之"奋进","和谐奋进"成为我们上师大卢湾实小人的行动准则与方向。

基于以上的分析与思考,我们在学校的管理中以团队建设评价为导向,每位教师至少同属于两个团队,一个是以班主任为首、由各科任教老师组成的年级组团队;一个是以教研组长为首的学科教研组团队。又是一个可分可合的"蛛网"结构,在分与合的过程中,人与人的接触点增多,互通校园文化的机会增多,在同质性合作的过程中融入异质的因素,最大程度上缩短了文化共融的时间。同时,

基于SWOT分析下的学校教研、年级组评价的导向标准中,融合着来自于管理者和老师们双方的意愿,融合两校学校文化的优势,创新形成新学校文化——"圆融"文化,在团队建设与评价的过程中完成文化共同、专业发展的目标成为我们的努力方向。

平等地对待、尊重既往的文化与历史;在合作、交流与分享的过程中以可分可合的"蛛网"结构加大彼此间的接触点,在融合中促成发展,这同样是学校"圆桌管理"所提倡的精髓及追求的目标。

SWOT法为学校管理的实施提供科学的分析,它的全息式态势分析的方法为目前我校发展所处的情景进行了全面、系统、准确的研究,当我们对分析结果中的多对二元性因素进行汇总后,来自于情景的智慧被一步步激发,由此为学校操作层面的智慧决策做出了行动的导向。而管理的艺术性特质,又为我们的决策提出了"智慧"的要求,基于SWOT分析中的二元因素的结论,我们以学校"圆融"文化的营造为基点,做出相应的决策,在学校的"圆桌管理"过程中,凸显"制度标准"制定的刚柔相济、"组织架构"实施中的圆融通达。通过SWOT分析战略预测下的"圆桌管理"项目,不断完善学校的"圆融"文化,提高文化管理的效能。

案例二:学校发展监事会——"圆桌"管理的现实选择

【"监事会与圆桌管理"的文化背景】

"监事会"是上海师范大学附属卢湾实验小学中一个非"常设"但又在学校管理中占据重要作用的部门。监事会的组成由学校开放办学、互通互融教育资源的需求所决定;监事会的运作,由专家与学校的互动通达模式的运作来完成。监事会的成立及运作在学校文化层面有着深层次的思考,特别是在学校制度文化层面,基于学校办学理念"修德允能、圆融通达"的思考,监事会先后所出台的制度、章程成为学校监事会有效运作的保证,同时也成为学校教职员工所经历并体验的一种导向于专业、尊重专业的学校制度文化。在本项目中,凸显"圆融"制度文化模型中的"战略预测"要素,使基于"组织架构"和"制度标准"的要素成为学校"圆融"制度文化模型中的凸显要素,并通过各个要素的综合运作,进一步凸显学校的"圆融"文化,完善、践行学校的办学理念——"修德允能、圆融通达"。

学校发展监事会——"圆桌"管理的现实选择

(一)直面我们的挑战——"监事会"的由来

上海师范大学附属卢湾实验小学坐落于原卢湾区(现黄浦区)南部地区,有着近60年的发展历程。随着教育现代化的全面展开,为了彰显均衡化、开放化、精品化等特征,学校于2007年9月,在原区教育局和上海师范大学的共同支持和规划下,正式更名为上海师范大学附属卢湾实验小学,成为了推进教育现代化的实践探索基地。2009年5月,丽园路第三小学并入,两校合二为一,成为"上海师范大学附属卢湾实验小学"。

伴随着学校的更名与挂牌,随之而来的是教育高经费的投入、优质资源的注入和社会的较高关注度,这些让学校要从被动的、固态的、适应性的教育发展观逐渐转变为主动的、动态的、全方位地为消费者服务的发展观念,利用现有优秀的硬件和软件资源,构建优质的基础教育格局,以此来满足人民群众日益增长的优质教育需求。当教育已成为一种服务,学校的教育意识就要不断满足外部消费者,即受教育者、家长和社会的利益需求,以此来推进学校的教育特色、教育开放和教育品牌。学校的功能要由被动保障转换为主动服务,学校的规划、管理模式、工作重心和实施均要紧紧围绕不断改善、提高服务的这个基点;学校工作的核心要围绕"以人为本"的理念,聚焦"人的需求",我们要为孩子提供优质的教育产品——我们的特色课程,满足孩子的全面发展的需求;我们要为家长提供高效的教育品质——满足家长的多元需求;我们要为社会提供优质的教育品牌——

满足社会对教育现代化的需求。

随着我们办学软硬件的巨大改变,教育现代化理念在基地学校的植根成长,学校在迎来机遇的同时也面临了巨大的挑战。挂了上师大优质教育的牌子,有了区优质教育的硬件,如何解决实质性的软实力问题? 学校原有的管理结构和机制已经不能适应新形势的发展,学校要在新教育理念和各方资源环境中找准新一轮发展的方向和定位,这就需寻找符合这一新形势的管理模式,"监事会"就在这样的形势背景下产生了。

(二)聆听我们的思考——圆桌管理理念下的"监事会"

上海师范大学附属卢湾实验小学监事会是由上海师范大学和区教育局共同委派教育行政专家和教育研究专家而组成的不具有行政管理权限、非常设的办学监理机构,以规划、咨询、评估与协调为主要职责。它可以对实验小学领导班子的组成提出建议;对实验小学的整体建设与发展提出建设性的意见;对实验小学执行发展规划的运行过程进行协调与监控;对实验小学整体改革的发展进行与结果进行评估。学校于 2008 年 4 月正式成立了监事会,依托上海师范大学的教科力量,借人借脑,在学校管理、学科研究、师资培养等方面积极合作,推动学校内涵发展。监事会的成员采用聘任制,成员包括区教育局行政主管、上海师范大学委派的实验小学主持单位主管、上海师范大学的教育研究专家、卢湾实验小学的教师代表、家长代表、实验小学所在的社区相关人员、上海市教育行政或研究单位的专家、上海市小学管理专家等等。而主席和副主席分别由区教育局和上海师范大学一名相应的管理者担任。

监事会成立之初,学校将问题的聚焦点置于"互动":运用何种方式与监事会进行互动以达到合作功效的最优化? 根据学校成立之初对管理理念的理解,将"圆桌"视为互动的核心理念。"圆"除了几何学、美学上的优点之外,圆桌更是平等、民主、对话、合作、负责的象征。在圆桌上人与人之间没有高低贵贱之分,亦没有你强我弱之别。真正平等民主的对话产生于和谐的交谈氛围中,只有这样的交流才可能是真诚且高效的。在教育过程中,无论是教育局领导、校长、教师,还是学生、家长,都有民主平等、相互尊重、相互协商之精神,更新观念,树立起"平等与尊重、合作与负责、对话与分享"的圆桌理念。针对新学校成立之初的现状,学校要与监事会的各方专家(包括局领导、上师大专家、上海教育领域专家、社区代表等)进行合作交流,这种"圆桌"管理是进行资源整合、协商互助的保障。

(三)见证我们的行动——"监事会"的运作

从监事会的筹备到成立至今,它始终围绕一个目标,推进了两个创新,发挥了四大作用,进行了六项举措。具体内容是:围绕一个目标:互动共赢;推进两个创新:对现代教育管理模式下监事会的组织构成和职能定位进行创新;发挥四大作用:即规划、咨询、评估、协调作用;实施了六项举措:监事会组成人员的授聘、监事会章程的制定、监事会和上海师范附属卢湾实验小学共同商讨两轮的学校三年发展规划(2008—2010 与 2011—2013);监事会深入改革学校内部管理组织机构,每三年一次策划参与学校管理人员的竞聘;监事会牵头,在上海师范大学教育学员中选派教育教学专家,深入我校课堂,与学校教师共同进行教学改革研究;学校为上师大学生提供教育实习资源,参与上师大基教中心多项活动并给予实践支持。

具体内容是:

第一,明确监事会职权定位。区教育局和上海师范大学做出制度性规定,明确派驻监事会的定位,赋予必要的职权。

第二,创建上海师范大学附属卢湾实验小学监事会组织构成。在监事会的人员组成上,我们一改传统的公司内部由董事会派驻领导到子公司进行监管,而是充分发挥社会人员、教育专家(主要来自于上师大和上海教育领域)、学校代表、家长代表各方的"智囊"作用。

第三,创新现代学校监管的职能定位。不同于企业部门监事会的主要职责——监督的职能,上海师范大学附属卢湾实验小学监事会将主要职能确立为:

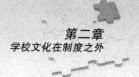

规划、咨询、评估和协调,共同参与学校规划设计,帮助学校出谋划策,提供支持性的意见。同时,对在学校发展过程中所产生的困难提供咨询服务。针对评估结果与学校协作沟通,调整学校进一步的战略措施。

第四,充分发挥监事会的四大作用,秉承"圆桌精神",深入学校内部实践运作。从监事会成立至今,主要进行了六项举措:

人员授聘。在区政府进行了监事会人员的授聘,确立了监事会的成员组成,上海师范大学附属卢湾实验小学的教师代表、家长代表参与了授聘仪式。

章程制定。为了保障监事会的顺利运作,监事会成员经过协商讨论,依据《关于上海市卢湾区(后合并为黄浦区)教育局与上海师范大学合作创建上海师范大学附属卢湾实验小学的办学协议》,制定了《上海师范大学附属卢湾实验小学监事会章程》。章程确定了监事会的性质和人员组成,明确了监事会的主要职责,规范了监事会的运行模式。

规划谋策。一个新学校的成立,处于区教育现代化的背景中,要重新审视学校的办学理念和发展战略。以服务的意识确立学校新三年发展规划,以规划引领行动。监事会成员多次与我校进行协商研讨,先后对学校的两轮三年发展规划出谋划策,依据上一轮三年发展规划,重新反思和审视学校定位和发展前景,确立学校发展重点行动项目。

内部改革。为了适应学校发展的需求,学校内部管理组织机构也进行了改革,成立了一室三部的新组织架构。为了体现竞争、服务、公平、负责的原则,先由学校教师自由选岗、自主申报,再由监事会成员策划并参与学校管理人员的竞聘活动,从多方面角度对各个岗位的管理人员进行综合考评,选拔出适合学校新发展需求的岗位人员。目前,已经参与了两轮的学校管理人员竞聘。

深入课堂。学校的重要工作还是在于教学,要在课程与教学上有所突破,就必须有开放的理念和海纳百川的胸怀,必须走出去、请进来,必须不断地学习,必须坚持专家引领。学校通过与监事会成员的沟通,依托师大及市教研员专家团队,深入课堂,进行课堂教学解析,并通过互动商讨式的反馈,有效促进教师专业的提升。

资源共享。学校目前已成为上师大小学教育专业学生的实习基地,每学期为见习、实习生提供最优质的教育资源。同时,学校也开放教学临床实验室,与上师大学生进行远程课堂实录与互动,分享经验型智慧。学校先后参加上师大基教中心"五校联动"、"国培计划"等教学活动,为"国培计划"提供活动相关资源。

(四) 再话我们的选择——"监事会"的实效

通过创建和实施监事会工作体系和运行模式,形成了具有上海师范大学附属卢湾实验小学特点的圆桌管理架构,监事的工作一是为学校行政部门的决策提供了可靠依据,对于指导学校工作起到辅助作用;二是对学校提供教育教学服务,有效地促进了学校教育教学质量的提高;三是我校的监事会模式的成功运作,为教育现代化的实践起到了一定的积极和借鉴作用,为处于同种形式背景下的学校提供了可供参考借鉴的发展路径。

第三章 学校文化是人与人之间的"相遇"

核心提示：

学校文化是一个由无及有、由浅入深、潜移默化、反复积淀、提炼升华的过程。一所学校有没有自己的文化传统，最关键的不是看"大楼"，而是看"名师"，看教师们有没有真实的个性，有没有感人的故事，有没有被学生记住，有没有影响学生的人生与成长。因此，我们应十分注重教师团队建设，不仅关心"外部输血"，更加关注"内部造血"。我们帮助教师发展并维持一种充满协作精神的学校文化。在洋溢着协作氛围的学校文化中，教师们经常在一起制订计划并开展交流、观察、评论的活动。在这一文化氛围中，大家负责地不断改进学习的策略，在教学中相互磋商、相互提高。我们鼓励和促进教师追求卓越，做有思想的行动者。学校的教育变革离不开教师们不断地磨砺和提高专业水平，当教师将制度的专业发展要求内化为他们自己的专业成长需要时，他们就有了专业发展的前景。我们帮助教师在团队中更有效地思考问题和解决问题，鼓励教师为学校革新而工作，通过积极地寻求问题解决的方案来阐明组织的生命力，把需要解决的问题放在大家面前，放在学校发展的广阔视野中进行集体的讨论，确保民主、公平，避免武断、狭隘，改变传统领导者把大家作为工具性发展的观点，让大家感受到组织文化所带来的精神愉悦。

一、"允能团队"项目的设计规划

"允能团队"项目对接的是"圆融"行为文化层面的实践研究,"圆融"行为文化 7S 模型中显性要素的特点决定着本项目的设定及设计意图的体现。

(一) 设计意图

"允能团队"项目的设计以"允能"为目标,尊重教师个体的专业需求,尊重教师个体的能力差异,倡导"欣赏、合作、创新"的团队氛围。对应"7S"模型中的"专业能力"要素,"允能团队"项目通过优化并整合多方教育资源、开发多渠道教育平台,营造"圆融通达"的育人环境,创设"修德允能"的教育文化氛围,使学校的教师们从对个性、能力、才华、竞争、创新的尊重开始,从对专业、能力提升的追求开始,以一种包容与吸纳的态度,在合作分享、梯度发展的过程中实现允能团队及允能型教师专业个体的发展,逐步形成并凸显学校特色的"允能"教师行为文化。

(二) 要素运作说明及实施途径

根据"圆融"行为文化 7S 模型的特点选取"允能团队"项目与之对应,在模型中"专业能力"为显性要素,直接作用于"分享愿景"要素("圆融"行为文化 7S 模型图中的实线箭头连接)。意味着本项目的设计及实施过程,从学校文化的"专业能力"要素着手,以"允能"的思考,在凸显教师个体的教学专长、教师团队的学科特长的基础上,以个体与团队相融合式的团队考评为导向,以"学情诊断坊"的形式展开教师个体的课堂解析及同伴间的互动研讨,促进教师教学行为的转变,在学校范围内倡导并营造一种和谐圆融的教研文化、教师行为文化。在案例项目的运作中,根据实践案例的不同特点带动"圆融"物质文化 7S 模型中的其余隐性要素,如"组织架构"、"制度标准"、"师生行为"等要素间的综合作用("圆融"制度文化 7S 模型图中的虚线连接),最终达到不断丰厚、完善学校"圆融"文化的目的。要素运作说明详见下图：

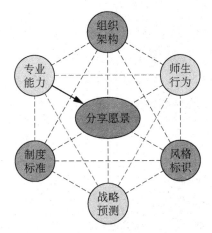

图 3-1 "允能团队"项目要素结构图

项目要素 7S 运作模型图：

【途径一】在"允能团队"建设的过程中，以评价细则为目标引领，各教研团队通过"圆融通达"式的团队研讨方式进行"允能团队"建设评价细则的讨论与制定，在自下而上、自上而下的双向互动通道的运作中，教师们认同学校的文化，不断建构完善学校的文化。

【途径二】团队教师协作互通，互相研讨，以"学情诊断坊"作为团队建设的主要活动方式，结合运用教学临床实验室这一现代化的教学研究平台，与上师大的教育专家和兄弟学校间共同进行教学诊断，在这个过程中培植"允能"和"圆融"文化。同时，从"允能"出发，公平、公允地对待每一位教师，允许、促进教师的潜能与个性的发挥，教师个体发展以团队构建为载体，整合资源、创设双向互动的研讨带教模式，在浸润学校"圆融"文化的过程中，提升团队及个体的专业能力。

二、"允能团队"项目的实践要点

"允能团队"项目的实践是以"专业能力"为主要思考原点，在实施过程中，以提升整个

团队和团队中个体教师的专业能力和素养为主要目标。具体的实践要点如下：

【要点一】专业引领

"允能团队"的建设主要采用"专业引领式"。专业引领的含义之一是需要一名在学科上有一定的教学经验和专业素养的教学研究者作为整个团队的专业引领者，能在教研活动中，采用问题激发和追问的方式与教研团队内成员进行互动。专业引领的含义之二是团队建设要以合适、有效的研究主题为载体，运用任务驱动的方式，进行由浅至深式的研究。

【要点二】协同合作

"协同合作"是允能团队的主要特征之一，团队中的学科领衔者和团队成员间秉承"圆融通达"的理念，进行着专业合作与分享。如"学情诊断坊"的每次活动，他们共同分享，解决每位成员带来的问题，分享每位成员带来的资源；他们共同走入课堂，进行互动协商式的课堂观察诊断；他们共同走近家长，了解来自家长们的需求，在双向开放和互动的合作下，用专业行为促使教学质量的提升和学生综合能力的发展。

【要点三】评价激励

允能团队的评价方式以"激励"为原则，以评价为导向的团队建设是它的主要显现特征之一。团队考评的评价方案、评价模块和相关细则由各团队自下而上提出，学校依据团队提出方案和细则，结合每学期重点工作，将具体的评价细则于开学初下发至各个团队。团队再根据本学期的评价细则进行团队工作计划的制定。期末，团队依据评价细则整理与分享建设的过程性资料，同时进行"允能团队"的展示。最后，通过团队自评、互评和他评的三种评价方式，由课程教学部提炼出每个团队的现有优势和发展建议，为后继团队建设起到激励引领作用。

三、"允能团队"项目的实践案例

依据"圆融"行为文化实践要点的要求，选取实践项目案例，每一个实践案例均以突显"圆融"行为文化7S模型中的"专业能力"要素为重点，带动其余隐性要素的综合联动效应为实施路径。列举案例如下：

案例一:"修德允能"——"允能"团队与教师发展

【"允能"团队的文化背景】

上海师范大学附属卢湾的每一位老师隶属于两个团队,教研团队和年级组团队,大家把这两个团队统称为"允能"团队。"允能"团队带有两层涵义,当个体置身于团队当中,教师个体的个性被充分地尊重,在团队中发挥着属于自己特色的一份作用,或引领或辅助,彼此间的无缝隙的合作与分享正是学校"圆融"文化的倡导;当团队与团队之间彼此运作时,每个教师个体分属于不同的团队,彼此间的分与合,加大了教师与教师、教师与团队、团队与团队间的合作,犹如蛛网式的彼此关联,使圆融文化的生成、发展与完善有了更多的空间。

"允能团队"的设计及运作过程中,"修德允能、圆融通达"的办学理念始终融合在设计理念之中。促使"圆融文化"7S模型中的"专业能力"要素指向其余的各类要素,综合运作,最终不断完善凸显学校的"圆融"文化。

"修德允能"——"允能"团队与教师发展

2010年6月,上海师范大学附属卢湾实验小学正式启动编制学校新三年发展规划(2011—2013)。启动之初的第一件工作,即分别从优势(strength)、劣势(weakness)、机会(opportunity)和威胁(threat)四个维度对8个隶属于学校硬、软件的发展因素作出SWOT分析并汇总调研资料。

从调研资料可见,其中的因素3至6——"行政人员"、"教师资源"、"学生状况"和"家长配合"属软件的范畴,可概括成一个字,即"人"的因素。深度聚焦以上四个因素可发现,其中的"教师资源"因素所起的是承起、对接的作用。也就是说,学校管理者在教师队伍的培养过程中渗透着学校的办学理念及发展目标的精神,并通过教师行为作用于学生,最终达成学生的发展目标;同时,来自于家长、社会的需求也往往是通过"教师"这一因素传递信息,使我们得以不断调整、完善我们的办学理念及发展目标,使之更科学、更具实效性。因此,学校规划的重中之重必定是聚焦"教师队伍建设"、关注"教师专业发展"。这也是学校规划的重点项目"教师发展——修德允能、分层提升"的由来。

确定重点项目之后,我们必须知道与了解的是,关于"教师资源"这一要素,我们现今的"定位在哪里"?我们所面临的优势、劣势、机会和威胁又分别是什么?——经过分析,我们发现可用两句话概括,即我们现有的师资队伍"有热情、少方法","有潜力、少融合"。具体展开如下:

优势——【有热情】

大部分教师有较为强烈的理论学习与专业提升的热情与需求。

劣势——【少方法】

部分教师缺乏专业敏感度及专业发展的有效、科学方法。

机会——【有潜力】

部分中青年教师专业发展潜力较大;与高校合作、开放办学后教师专业发展平台与机会有增长。

威胁——【少融合】

正经历两校合并磨合期,原有学校文化差异所引起的部分教师行为文化的认同迷茫及排斥问题。

综上所述,学校的师资队伍所表现出的外显状态,即规划中我们直面学校发展所面临的第一个问题"目前学校教师的学历、职称等均已达标,整体师资队伍发展趋势良好、师资队伍稳定,但从学校定位及未来发展思考,在教师队伍结构上,现有教师队伍尤其是教师骨干梯队结构尚不够理想;在学科发展上,部分学科缺少领衔教师,缺少在学科领域具备一定科学研究能力的教师;在教学观念上,现有教师的教学现状与课改目标方面尚有一定的差距,教学质量的持续大幅提升成为学校面临解决的迫切问题。同时,学校缺乏分层的教师专业培养机制和管理手段,教师的专业发展层次性有待明确。"

通过 SWOT 分析,我们在"教师资源"这一因素上明确了学校的现今定位,也就是我们明晰了自己在哪里? 正面临着怎样的机遇与挑战。于是,我们借用企业竞争战略的概念,从整合内部因素(优势与劣势因素)思考"我们能够做的"路径;整合外部因素(机会与威胁因素)思考"我们可能做的"路径,得到:

路径一:从"修德"到"允能"——打造专业和谐教师团队

【实施策略】扬长补短、组团发展

从内部因素即"优势"与"劣势"考虑,思考"我们能够做的"路径。在这份思考之下,我们自问并厘清以下两个问题:

1. 为什么是"组团发展"?

从学校上一轮规划的实施与总结可见,学校先期致力于以教研组为研究切入口开展《激活教研组自主建设管理潜能》的研究与实践,此研究获 2008 年卢湾区教育科研成果一等奖,并形成 20 余万字专著出版发行。"组团发展"对于上师大卢实小教师来说并不陌生且亲身经历并体验着。因此,我们从"和谐"团队建设到"专业和谐"团队建设过渡,在新一轮规划的实施中,从"专业"精准、精细的角度入手,在学校"人力资源开发中心"的主持下,把组团发展的形式按"专业"的要求细化为学科"主题式教研沙龙"、年级组"案例式教育沙龙"、"科研中心"、"新闻中心"、"校园文化创意中心"等项目团队进行运作。

2. "扬长补短"如何实施?

"扬长"即保持 SWOT 分析中关于"优势"的总结,即保持教师们对于"理论学习与专业提升的热情与需求";"补短"即弥补 SWOT 分析中关于"劣势"的归纳,即找寻科学、有效的专业提升方式与方法。

对于前者,我们从"修德"入手,开设"圆融"讲坛,不仅请专家、同时鼓励各个项目团队的老师们踏上"圆融"讲坛,从讲讲"我心目中的办学理念"、"我推荐的一本好书"、"我的教学一技"到"我的教学主张"。从师德的感悟到师能的分享与交流,实现从"修德"到"允能"的历程。

对于后者,我们从"修德"入手,通过"圆融"团队的打造,打造"平等与尊重、合作与责任、对话与分享"的团队氛围。同时,"圆融"团队的评价过程中在团队评价细则中开始辅以团队成员的个性化评价指标,从允许、促进教师的个性发展入手,实现从"修德"到"允能"的历程。

路径二:从"允能"到"修德"——建立实行首席教师制度

【实施策略】以点带面、圆融通达

同样,从外部因素即"机会"与"威胁"考虑,思考"我们可能做的"路径。在这份思考之下,我们自问并厘清以下两个问题:

1. "以点带面"——"首席教师制"实施的可能性

诚如SWOT分析中所总结的那样,我们所面临的机遇是"部分中青年教师专业发展潜力较大;与高校合作、开放办学后教师专业发展平台与机会有增长"。确立首席教师制,通过首席教师评选标准的征询与确立,使所有的教师再次明确专业发展的方向;通过首席教师的评选或引进,促成一批有专业思考与专业主张的优秀教师脱颖而出;通过首席教师工作室的开展与展示,以点带面发挥优秀骨干教师的专业引领和学科辐射作用。

同时,前期的绩效工作方案中有关于"首席教师"项目的推进辅以匹配的专项奖励,使得优秀人才的自培或引进从教师的"允能"入手,进而培养一批上师大卢实小的"修德允能"型教师成为可能。

2. "圆融通达"——在"教师专业发展"中的体现

我们没有回避SWOT分析中所提到的威胁,我们"正经历两校合并磨合期,原有学校文化差异所引起的部分教师行为文化的认同迷茫及排斥问题"。因此,我们在教师队伍打造的过程之中,从"允能"出发,公平、公允地对待每一位教师;允许、促进教师的潜能与个性的发挥。在项目规划的设计之中,"圆融通达"成为实施的关键词,引入带教征询制度,教师可以根据自己的特长选择专业发展方向、专业带教导师;引入选择性菜单培训方式,教师可以选择进行最适切的专业培训等等,在"圆融通达"的过程中,从"允能"走向真正的专业提升与发展。

"修德允能"是教师发展之本,同时也是学校办学理念的核心关键;"圆融通达"是实现"修德允能"的途径与方法。在"修德允能、圆融通达"办学理念的引领下,我们通过 SWOT 分析,直面我们的问题、我们思考解决路径并规划形成学校的重点项目——"教师发展——修德允能、分层提升"。上师大卢实小的每一位成员会为之而努力,保持"优势"、扭转"劣势"、抓住"机遇"、变"威胁"为挑战,三年之后——各学科拥有学科领衔教师,各学科领衔教师在市、区具有专业影响力;教师队伍结构合理、和谐奋进,在科学提升质量上有探索、有成效。

案例二:"学情诊断坊"——教研团队文化的孵化场

【"学情诊断坊"的文化背景】

坊,古义指小手工业者的工作场所,英文释为"workshop",均意指实践劳动。我校的"学情诊断坊"是指学校内"学科引领者"运用教育教学基本理论和技能对学生学习状况和教师教学行为进行观察和分析,从而发现教学和管理中的问题并提出策略,促进教学行为改进、教学流程管理有效和教师专业发展的校本研修活动。

这里的学情诊断包括两个层面的含义,一是对学生学习状况和过程的诊断,包括学前学情诊断、学中过程性诊断以及学后诊断性评价,以此发现学生学习的认知起点和认知特点,从而发现教师教学行为中存在的共性问题,促进有效教学;二是对教师自身教学行为的诊断,从中发现管理中的共性问题,所有这一切的行为都发生于"坊"中。"学情诊断坊"的创生,是基于对我校办学理念"修德允能、圆融通达"的文化思考。

"学情诊断坊"的设计及运作过程中,"修德允能、圆融通达"的办学理念始终融合在设计理念之中。促使"圆融文化"7S 模型中的"专业能力"要素指向其余的各类要素,综合运作,最终不断完善凸显学校的"圆融"文化。

规范、有序、有效的校本教研应有一个切实的可管理、可操作的操作形式和运作方式。我们希望在学校办学理念的指引下,在校本教研推进的过程中,积极探索一种有效的校本教研形式,力图通过这样一种"学情诊断坊"的组织教研形式和运作方式,把教学流程管理与教学、教研、培训以及教师的专业发展融为一体,达到共赢的目标,从而体现学校"圆融"文化之教师行为文化。

Ⅲ-1　校长携语文教研组互动研讨图——那一刻的喜悦

学情诊断坊——教研团队文化的孵化场

学情诊断坊是学校"允能团队"培育的一种方式,关于学情诊断坊的运作模式、实施内容等有着我们的思考与实践:

(一)"坊"的运作——"学情诊断坊"的实施过程

整个学情诊断坊的运作流程包括以下几个环节:

1. 问诊:课前通过教师自述教材和本次教学内容的分析,了解教师对教学目标、教学重难点把握的精准度,通过教师对学生学情的分析和选择相应的教学方法,来进行坊间的"问诊"。通过坊间教师与执教者进行的提问与回答了解教师教学前的准备过程和教学设想。这一过程又叫预设信息采集,通过说课的形式采集相关教学信息,从而可以更加针对性地把握准课堂,第一时间避免教学的无效性。

2. 课堂检查:学情诊断坊的成员运用自己的感官和相应的辅助教育教学量规(定性或者定量),对教师的实际课堂教学过程和效果进行观察和诊断,揭示一些正常和异常征象的方法。

3. 课后诊断:通过对课堂实际教学中捕捉到的信息和相关量规中记录的数据,运用科学的手段进行分析,结合教师课前的说课,运用"问题激发"的方式,抛出问题,然后让所有参与者通过课堂信息的表现形式和相关数据对问题进行研讨,从而对教学中某些方面进行全面分析。

4. 辅助信息:通过研讨,对问题的回应和探讨,所有学情诊断坊的成员对问题进行增补和解释,提供可供解决的策略和方法。

(二)"坊"的源泉——"学情诊断坊"内容的确立

校本研修内容首先要解决的问题就是培训什么,既然是定位于解决自己身边的问题,那么培训的内容就要源于平时教学的需求,这种需求源于三方:学生、教师和家长。

学生的需求:学生的差异性源于每个孩子的认知起点不同,在教育公平观念的影响下,我们的"允能"文化倡导的是要尊重,尊重个体的差异性。设置针对不同孩子认知水平的教学目标、内容和练习,需要学情诊断坊通过实践做出科学的决策。

教师的需求:在教师专业发展过程中,有些教师并不能准确把握好学生的学习状况和认知特点,需要其他教师给予一些推动力和协助,教师产生了困惑和需求,搭建了"坊"这一平台来帮助他们解决。

家长的需求:家长在教育教学观上有时可能会与教师产生偏颇,他们也需要了解孩子究竟要学些什么,要怎样学。针对家长的需求,学情诊断坊可以邀请家长带着他们的问题和资源加入坊间参与互动;同时,作为"分享",坊间教师通过学习目标的研究,确立每个思维水平层次的目标达成标准,配以案例说明的方式,以《目标导向下的导学稿》这一载体提供给家长。

(三)坊的"灵魂"——学情诊断坊团队及其运作模式

我校执行机构中设有"课程教学部",承担学校课程管理和教学管理职责,也就是我们的"学情诊断坊"的核心部门。在运作方式上,坊间采用"三制"——领衔制、协同制和互动制。

领衔制:课程部的四位教师分别是语、数、外和综合学科中具有一定教学经验和专业素养的教学研究者。在课程管理和教学流程管理中,他们职能合并,共同承担课程开发和建设的任务,分享管理的智慧和经验;在具体的学科校本教研活动中,他们又分别分科进行下沉式的学科专业团队的引领。在这种"分合式的蛛网"工作模式下,他们能在教研活动中,采用问题激发和追问的方式与教研团队内成员进行互动。

协同制:学科领衔者和教研团队教师成员间秉承"允能"、"圆融"理念,在学情诊断坊中进行着合作与分享。每次活动,每位参与者都必须"带着问题来、带着资源来",聚焦一个问题,领衔者和学科教师之间互相发问,把每位教师带来的教育资源进行共享。在学情诊断过程中的每个阶段,双方共同利用统一学情诊断这一资源结果,通过提问、激发、反问、解答、达成对这一过程的共识,通过"协同报告"这一载体,产生教研组内的整体效应。

互动制:坊间工作者的研究阵地在课堂。针对具体的需求,学科领衔者和团队成员共同走入课堂,他们可以整天、甚至整周进行跟踪式的观察诊断。对于观察后的数据进行互动沟通,互动可扩展的范围包括了学生、教师、家长。和学生互动,寻找问题的根源;跟教师互动,寻找解决问题的策略;跟家长互动,获取家长的资源。在这种深度汇谈式的互动制下,学情诊断坊努力做到"三个一":一天内即时沟通;一周内反思;一个管理者写一份诊断报告。

（四）"坊"的亮点——"学情诊断坊"的特色

1."以点击面"式的课题（专题）引领式的校本研修课程

"学情诊断坊"的校本研修课程实施，依托于对某一课题（专题）的研究——《目标导向下的导学稿》，通过这一载体，将课前教研组内教师对于教学目标的把握、对于教材的解读，将国家课程进行校本化处理，运用《目标导向下的道学稿》这一载体呈现，通过课堂实施成效，再对目标进行修订或补充。我校的这一研修课程，采用了"以点击面"式进行研究。先在数学教研组的二年级进行试点研究，依据研究成效再进行全校范围内的培训与推广。

2.基于"圆融允能"型教研团队的校本研修课程

由于我校的校本研修是运用课题（主题）式的校本研修，因此教师的个体专业化成长要依托整个教研团队的建设，以团队的发展带动教师个体的发展。而教研组的建设要通过常态的专属教研活动和教研团队的评价予以落实。

（1）专属校本研修活动：学校每周五下午为校本研修专属时间，并确定了研修地点、研修主题，保证校本研修活动有序优质展开。

（2）评价导向下的教研组考评与展示：学校确立团队评价机制，期初课程教学部根据每学期教学研究的主题和内容，拟定教研团队评价标准。各教研团队可根据学校教学研究主题及各团队教研特色活动的展开，分项有效地落实教研组活动。期末，通过团队自评、互评、专家评价的运作，在团队考评的基础上进行展示，为各教研团队的互相学习、互相借鉴提供平台。同时，教研团队的考评中把个人专业考评与团队考评相结合，为学校绩效考核方案的重点项目之一。

（五）"坊"的效能——"学情诊断坊"的成效

学校教师通过"学情诊断坊"，在专家、学生、家长、社区等社会资源的共同协助下，通过校本研修获得了专业提升，在课程开发与实施、课堂教学等领域取得了一定的专业性成绩。

● 2010年12月在卢湾新三年规划推介会上，作为推荐学校就学校师资队伍建设项目作《"修德允能"——教师发展之本》的主题发言,其中对我校教师的校本研修内容作了详尽的介绍。

● 学校先后三次接受区人大、政协视察。其中,2009 年 12 月就学校的校本研修方面向人大代表、政协委员作专题汇报,受到赞誉。

● 以区重点课题《二期课改背景下的现代学校"圆桌管理"模式的构建》的课题研究为主导,作为子课题探索"协同互助"式的教师成长计划,并已结题,相关8 篇论文以组文的形式发表于《新课程》杂志,其中一篇是《"学情诊断坊"——"圆桌式"校本教研形式的新探索》。同时,新一轮学校龙头课题被批准为区重点课题、上海市教育学会课题、上海市教育规划课题,其中"允能教学"和"允能团队"两个项目都指向于教师的专业培训和发展,进行进一步的探讨。

● 通过校本研修的培训,学校教师参与区级、校级课题群《"一页纸"教学行动研究》、《漫作文——基于生活的作文活动研究》、《英语学科文本再构的研究》、《目标导向下的导学稿的编制研究》等,相继结题或正在进行中。研究点间能相互融通、互相借鉴研究成果。校本研修的培训内容具有针对性,为学校课程教学的研究与探索提供支持。

● 目前学校拥有 1 名特级教师,7 名中学高级教师,2 名市"名师"培养工程系列学员,6 名教师参加区新一轮骨干教师评审获"骨干教师"称号。近期,数学学科教师获全国"两岸三地"教学观摩活动一等奖、全国"目标教学"年会教学评比一等奖,语文学科教师获上海市小语会教学评优特等奖等。

● 学生在课程方面成绩斐然,科技团队多次代表中国赴美国、巴西、墨西哥等地参加全球科技大赛获得各类奖项,学校成为"科技特色学校";艺术创意团队多次参加国、上海市各类合唱、歌舞剧、器乐展演与比赛,获奖众多,目前正在争创"艺术特色学校";体育团队多次获得上海市小学男子篮球冠军、区小学生运动会团体第一名等,学校为"体育传统项目特色校"。学校大队部获上海市"红旗大队"称号。

第四章 学校文化是"做"出来的

核心提示：

学校文化建设需要以环境文化为基础，以制度文化为支撑，更需要以课堂文化为底蕴，丰富学校文化的内涵。因为，学生学校生活的80%以上时间在课堂，课堂是学校教育教学的主要场所，文化充盈于课堂之内、渗透于师生之间，是课堂的重要养分。离开文化，课堂将成为无源之水、无本之木。因此，课堂学习是学生生命体验和文化陶冶的基本形式，课堂中面临的问题实际上就是浸润于课堂"文化场"中的问题。课堂文化总是被我们善意地忽略或遗忘，学校文化建设基本上还停留在环境文化、制度文化等层面上，是一种课堂外的文化，很多学校证明学校文化魅力的场所基本是在课堂之外，是发生在课堂之外的各种活动、制度。课堂中则很少有学校文化的存在，课堂外是开放、民主、充满生机的，课堂内则仍是封闭、集权、授受的。因此，聚集课堂是提升学校文化内涵的关键所在。

一、"允能教学"项目的设计规划

"允能教学"项目对接的同样是"圆融"行为文化层面的实践研究,"圆融"行为文化 7S 模型中显性要素的特点决定着本项目的设定及设计意图的体现。

（一）设计意图

"允能教学"中的"允"所指的对象不同于"允能团队"中的教师群体,它更多指向学生,是教师面对学生所应倡导和具备的核心教学观——"允学生之所异,允学生之所长"。因此,"允能教学"中的"允"意之一为"公平"、"公允",即体现教育的真谛,公平公正地对待每一位学生,兼顾学生的个体差异,以个性化的课程设置与实施促使每一位学生学习的潜能得以开拓与发挥;"允"意之二为"允许",即尊重并允许每位学生发挥个性之所长,在顺应学生天性、顺应学生需求的课程实施过程中,引导学生经历课程学习的过程,以个性之所长的方面带动综合能力的整体提升。

"允能教学"项目是基于学生天性、能力、需求、学情等差异,允许并尊重差异,为每个孩子"量身定制"符合他们兴趣特长和发展需要的课程。同时,教师结合"允能团队"项目,从而达成"师生行为"和"专业能力"两大 7S 要素的相辅相成、共同运作,在课堂教学中提升专业能力,以专业能力促进课堂教学的有效性,从而进一步凸显并实现学校"允能"的行为文化。

（二）要素运作说明及实施途径

根据"允能"行为文化 7S 模型的特点——"师生行为"和"专业能力",选取"允能教学"与之对应。在模型中"师生行为"和"专业能力"作为两大显性要素,直接作用于"分享愿景"要素(图 4－1 中实线箭头连接),表明本项目的设计和实施要以凸显"师生行为"和"专业能力"为主要突破点,围绕该两大要素整体架构并实施相关的案例。同时,在相关案例运作中,整体带动其他"7S"要素间的互相作用(下图中虚线连接),从而实现并凸显"允能"行为文化。要素运作说明详见下图:

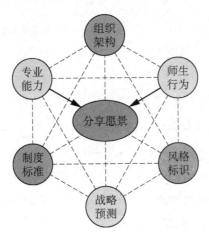

图 4-1　"允能教学"项目要素结构图

在"允能教学"项目中的实施途径主要有以下两个方面：

【途径一】以"五彩童梦"课程作为促进学生实现"修德允能"的途径,通过优化并整合多方教育资源、开发多渠道教育平台创设"修德允能"的教育文化氛围,为每一位学生的个性发展开发相应的课程资源,开发学生的创造潜能,培养德能兼备、身心健康阳光、知礼善合作、智慧能创新的个性自然人,为每位学生提供彰显个性特色的舞台,实现彰显个性特色的梦想。最终通过五彩童梦课程,培养出具有"**个性阳光、文明尚礼、智慧创新、和谐圆融**"的现代小学生。在研究过程中,教师之间彼此沟通、专业分享,以专家引领、同伴互助的形式,增进教师教学行为的效果;师生之间始终注重以"关注每一个学生"为理念引领,遵循科学规律,掌握科学的方法来减轻学生负担,增进课堂学习效果,从而营造具有上师大卢实小特色的师生"允能"行为文化。

【途径二】主要以"尊重差异、满足需求"为主要原则凸显"允能"行为文化的内涵。从尊重学生的差异入手,倾听孩子们的意愿,满足不同学科学习上需要提供帮助的孩子的需求,满足不同层次、兴趣爱好学生能力提升的需求。在以"师生行为"为主要运作要素的过程中,逐渐完善丰厚"允能"行为文化,并带动"允能"精神文化的发展。

二、"允能教学"项目的实践要点

"允能教学"项目的实践要点是以凸显学校"允能"文化为思考原点,具体以"允学生之所异,允学生之所长,满学生之所需"为创设原则,以保证项目的实施与学校"允能"文化的构建实施有紧密联系和对接,具体的实践要点如下:

【要点一】课程引领

学校的"五彩童梦"课程以"允能"为思考基点,通过"二维度、四路径"的实施途径予以落实。其一为"以优质为核心追求的课程实施路径",基础型课程的实施中将进一步确立以"学生发展为本"为理念,"以学定教、以学施教",伴随教师的教学实践和研究,进一步提高学校基础型课程教学的有效性。"修德允能"课程着眼于国家课程的校本化实施、"圆桌导学"课程着眼于对学习有困难学生的"允能"型辅助教学。其二为"以圆梦为价值追求的课程实施路径",以"圆梦"为价值追求,以"创新活动"和"创智导学"为实施路径,整合校内外教育教学资源,在"圆融通达"的管理智慧行动下,尊重学生的自然天性和差异,让每一位学生在学校接受平等、全面而又有针对性的教育,完善适合学生学习需求、兴趣探知、个性追求的学校"五彩童梦"课程。

【要点二】减负增效

学校借助于现代化的教学研究设备"临床教学实验室",以教研组研究主题或课题为载体,立足课堂、落实减负增效,通过临床教学实验的运作,与上师大及兄弟学校互通互动。整合教学资源,充分开发"教学临床实验室"功能,科学开展教师课堂教学能力诊断评估及跟进指导,在校内外全面辐射优质课例的资源效应,提高课堂教学质量,切实减轻学生课业负担,科学提升学生学业水平。

【要点三】因材施教

"允能教学"项目以"修德允能、圆融通达"的学校核心文化为引领,尊重学生的自然天性和差异,让每一位学生在学校接受平等、全面而有针对性的教育,适应学生学习需求、兴趣探知、个性追求为目标,构建了"圆桌导学"课程、"创智导学"课程和"创新活动"课程。"圆桌导学"为学困生进行分层和针对性的指导,设计提供量少质精效优的分层课业来巩固课内的学习效果,帮助学生提升学业水平。"创智导学"为资优和特长学生提供了优质社会教育资源的机会。"创新课程"为所有学生提供了个性、兴趣发展的空间,学生通过"菜单式"的课程选择,通过"走班制"走入他们感兴趣的课堂。所有课程的选择与开设,都以学生的个体兴趣、学习能力、特长发展等为前提,尊重学生和家长意愿,每周定时定点分学科进行。同时,结合物质文化创建中的"圆融文化墙"项目的实施,学生的学习成果可以在五块"五彩童梦"课程实践展示版面上进行展示与分享,让每个孩子都有机会展示自己的智慧成果,张扬自己的个性特征。

三、"允能教学"项目的实践案例

案例一:"丽园魔方"——"五彩童梦"课程让孩子快乐成长

【"五彩童梦课程"的文化背景】

步入学校启智楼的圆形大厅,抬头望去,透过一至五楼走廊的玻璃,就可看见西侧的墙壁上分别悬挂着红、橙、蓝、绿、紫色的版面,上面分别有"红色理想课程"、"橙色灵动课程"、"蓝色智慧课程"、"绿色探究课程"、"紫色遐想课程"的主题字样,并且版面上还布置着与主题相关的课程实施内容资料以及学生们在各种课程活动中的场景和成果;在版面附近的公共活动区域内,是与主题相符的课程互动区域角,那里有钢琴、画板、体育游戏用品、动植物观测点,还有图书、学科知识版面以及相关的影视资料和设备等等。在课余时间,学生们在那里弹琴、绘画、玩游戏、观测记录、查看资料等,经历课程的拓展学习与体验。这些课程版面和课程互动区域角是我校五彩童梦魔方式课程的缩影,也是学校课程文化内涵的外显物质环境标示。

丽园魔方——"五彩童梦课程"的设计及运作过程中,"修德允能、圆融通达"的办学理念始终融合在设计理念之中,促使"圆融文化"7S模型中的"专业能力"、

Ⅳ-1 "红色理想课程"展示图——回首"幸福"足迹

"师生行为"要素指向其余的各类要素综合运作,最终不断完善凸显学校的"圆融"文化。

Ⅳ-2 "绿色探究课程"展示图——小小科学家的公共平台

丽园魔方——"五彩童梦"课程让孩子快乐成长

课程是"允能教学"实施的主渠道与师生共同活动的主平台。学校经过多年的思考与实践,逐步形成了具有特色的五彩童梦课程。课程理念的建立、课程结构的设置、课程管理与实施、评价与展示的方式等逐步演化为一种具有立体构建和智慧思维的模式——"丽园魔方"课程模式。

(一)"丽园魔方"理念的诠释

魔方(Rubik's Cube),又叫魔术方块,也称鲁比克方块。作为一种神奇的玩具,能将人的思维带入一种立体的空间,进而形成一种立体的思维,把玩时,人们不仅仅能够将魔方复原,还会获得一种用立体思维来解决问题的智慧,我们可称之为"魔方智慧",作为一种帮助人们增强空间思维能力的教学工具其奥妙无穷。

学校将这种"魔方立体架构"和"魔方智慧思维"引入到学校的课程构建中,逐步形成"魔方式"的课程模式即丽园魔方——"五彩童梦"课程模式。这种课程模式从外显标示来看,是课程与主题色彩、校园环境相结合的空间营造,是一种能体现学校课程设置架构与内涵的兼有课程活动与课程展示功能的外显学校课程物质文化及内涵式的课程文化。从内涵实质来看,其独特的结构板块的设置、真实的课程体验的设计、多元的评价机制的建立、明晰的立体展示平台的构建,最终引导学生在丽园魔方——"五彩童梦"课程模式中全面体验,快乐成长。

(二)"丽园魔方"课程模式的价值与意义

学校的课程构建,在多年的实施过程中都会经历发展、调整再发展的过程,但其变化并非一年一个样、三年变模样的不确定性发展,它应该是在原有的基础上不断修整而稳步完善的。纵观现代教育,一所有特色、有美誉度的学校,其课程的构建发挥了重要的作用,往往这样的学校就有相对完善的课程模式,它能有效引导学生全面学习与体验,并契合学生的需求,发展个性与能力。可见,在遵循学校课程发展规律并结合学校实际情况的前提下,学校课程的发展逐步模式化,是促进现代学校发展的趋势。

课程模式中包含了学校课程理念建立、课程资源的组合、课程内容和架构的设置、课程实施、管理、调研、评价方式以及课程环境的建设等等。课程模式既可以通过隐形的形式体现,也可以通过外显的课程物质文化展现。因此,积极构建我校"五彩童梦"课程模式对于促进我校的发展具有现实意义。

(三)"丽园魔方"课程模式的设计解析

学校管理团队协同全体教师通过对学校历史的梳理,结合学校新三年规划的办学理念——"修德允能、圆融通达"以及教师、学生、家长的需求,确立学校课程的核心理念——"修德允能、五彩圆梦"。"五彩童梦"课程的愿景是以"修德允能、圆融通达"的学校核心文化为引领,整合学校、社会、家长等各类教育教学资源,以"德"修身为核心,以"能"创新为重心,圆学生个性发展需求、兴趣探知的梦想。这一核心课程理念和愿景如同魔方的轴心式不变,以理念为轴心,结合学校的课程目标、育人目标、课程资源构建起既有横向衔接,又有纵向发展的魔方式课程架构,通过对课程实施、评价、调研、展示等多种机制的综合监控,形成了具有多层面、立体感的魔方式课程管理智慧。

　　丽园魔方——"五彩童梦"课程模式中有五大类课程,分别以五种颜色代表其寓意。它们是红色理想课程、橙色灵动课程、蓝色智慧课程、绿色探究课程、紫色遐想课程。在丽园魔方中,外显的课程物质文化也契合学校的课程理念、架构和寓意色彩进行环境的营造。

红色理想课程

　　看到红色,学生往往会想起鲜红的国旗、党旗、红领巾,红色给人以积极进取的动力。学校以红色为理想课程的颜色,寓意着要培育心理健康阳光,能与他人共同参与社会实践活动,勇于承担责任、愿与他人分享成功,懂得尊重与理解,拥有鲜明的个性特征和积极的、乐观向上的追求与梦想的学生。学生有正确的社会价值观和良好的道德品质,知书达理、文明有礼,做"文明小公民"。红色理想课程的综合资源包括了公安博物馆在内的五个生命教育在地文化课程资源;世博会永久场馆和世博女兵的部队等八个民族精神教育在地文化课程资源;炮弹陈列池等4个校内空间设备课程资源以及教师、家长、学生等人力资源。

Ⅳ-3　红色理想课程——走进"一大"会址

综合红色理想课程的课程目标和综合资源,构建起红色理想课程结构模块:国家课程中有品德与社会课程(一至五年级);校本课程中的限定拓展课程有"我爱校园"课程(一年级)、"我爱社区"课程(二年级)、"我爱黄浦"课程(三年级)、"我爱上海"课程(四年级)、"我爱世界"课程(五年级);自主拓展课程有"心灵鸡汤"课程(三年级)、"小小图书员"课程(二年级)。

橙色灵动课程

橙色是热情和活力的象征,它充满着健康向上的生命力。学校以橙色为灵动课程的颜色,寓意着要培育学生能积极参与各项健身活动,建立健康的健身习惯;能知道体育活动和学校特色的运动项目及规则,并自觉遵守各项活动规则,学会玩一些自己喜欢的活动项目以及学会创编体育游戏,在积极参与集体活动中建立集体荣誉感和自豪感。橙色灵动课程的综合资源包括了区体育中心在内的四个校外在地文化资源,室内篮球馆等六个校内空间设备资源,以及教师、家长、学生等人力资源。

综合橙色灵动课程的课程目标和综合资源,构建起橙色灵动课程结构模块:国家课程中有体育与健身课程(一至五年级);校本课程中的限定拓展课程有"校

Ⅳ-4　橙色灵动课程——空手道"高手"

园篮球"课程(一到五年级)、"团队游戏"课程(一到五年级)、"空手道"课程(一到五年级)(校外师资)、"游泳"课程(二、三年级)(校外师资)、自主拓展课程有"律动篮球"课程(三年级)、"丽园乒乓"课程(二年级)、"小小足球"课程(一、二年级)。

蓝色智慧课程

蓝色是波澜壮阔的大海,蓝色是深邃蔚蓝的天际,蓝色如同知识的海洋和科学的天空,等着学生们去遨游。学校以蓝色为智慧课程的颜色,寓意着要培育学生能养成良好的学习习惯,表现出积极向上的学习态度;掌握基本的学习方法,在学习中能自觉规范自己的学习行为;掌握课程基本知识,善于思考,能在某些学科中表现出独特的创新思维;能与同伴分享有效的学习智慧与经验。蓝色智慧课程的综合资源包括了区劳技中心等在内的三个校外在地文化资源;教学临床诊断实验室等5个校内空间设备资源以及教师、家长、学生等人力资源。

综合蓝色智慧课程的课程目标和综合资源,构建起蓝色智慧课程结构模块:国家课程中有语文课程(一至五年级)、数学课程(一至五年级)、英语课程(一至

Ⅳ-5　蓝色智慧课程——走进经典童话

五年级);校本课程中的限定拓展课程有"主题阅读"课程(一到五年级)、"运用数学"课程(一到五年级)、"主题英语"课程(一到五年级);自主拓展课程有"魔力书吧"课程(三年级)、"苗苗小话筒"课程(四年级)、"校园小记者"课程(五年级)、"理财小能手"课程(三、四年级)、"数海畅想"课程(一至三年级)(校外师资)、"English Club——快乐 ABC"课程(二年级)、"English Club——英语小品"课程(四、五年级)、"English Club——英语小能手"课程(三年级)(校外师资)。

绿色探究课程

绿色是大自然的颜色,它被赋予象征着生机的"绿色探究"课程,仿佛引领着学生们去探究世界奥秘。学校以绿色为探究课程的颜色,寓意着要培育学生能对周围的事物产生兴趣,善于表达自己的观点和创意;学会在学习和探究过程中,用文明的言行进行交往;会观察、会思考、会探究身边的事物并尝试经历科学探究的过程;能够与同伴合作,体验合作探究的积极情感。绿色探究课程的综合资源包括了丽蒙绿地等在内的六个校外在地文化资源,机器人实验室等七个校内空间设备资源,以及教师、家长、学生等人力资源。

综合绿色探究课程的课程目标和综合资源,构建起绿色探究课程结构模块:国家课程中有自然课程(一至五年级)、信息课程(三年级);校本课程中的限定拓展课程有"自然世界探秘"课程(一年级)、"艺术世界探寻"课程(二年级)、"中国文化探知"课程(三年级)、"异域文化探索"课程(四年级)、"中学生活实探"课程(五年级);自主拓展课程有"走近孔雀鱼"课程(三、四年级)、"丽园种植园"课程(三、四年级)、"科学小实验"课程(三、四年级)、"焦点问题探访"课程(五年级)、"未来教育"课程(三、四年级)(校外师资)、"IT能力"课程(四、五年级)、"机器人"课程(三、四、五年级)、"E—man研发"课程(四、五年级)。

Ⅳ-6　绿色探究课程——创意机器人

紫色遐想课程

　　紫色梦幻而高雅,犹如孩子们心中另一个梦象中的世界,紫色遐想课程是学校为孩子们创设的艺术乐园。学校以紫色为遐想课程的颜色,寓意着要培育学生能学会在艺术欣赏、创作中运用基本的礼仪;发现生活中的艺术美,善于想象,初步具备艺术创造的能力;体验绘画、书法、音乐等课程的实践过程,感受艺术氛围;学会用欣赏的眼光看待同伴的作品,学会运用艺术作品表达自己积极向上的情感世界。紫色遐想课程的综合资源包括了智造局创意园区等在内的六个校外在地文化资源,音乐学科专用教室等8个校内空间设备资源,以及教师、家长、学生等人力资源。

　　综合紫色遐想课程的课程目标和综合资源,构建起紫色遐想课程结构模块:国家课程中有唱游、音乐课程(一至五年级)、美术课程(一至五年级);劳技课程(四、五年级),校本课程中的限定拓展课程"生活小窍门"课程(一、二年级),自主拓展课程有"丽声合唱"课程(二至五年级)、HIPHOP街舞课程(一至五年级)、"书法艺术"课程(二至五年级)、"创意设计"课程(二至五级)(包括不织布布艺课程、变废为宝课程、儿童水粉课程、儿童画创作课程"创意折纸"课程(一年级)、"创意模型"课程(四、五年级)。

Ⅳ-7　紫色遐想课程——唱响"音乐学院"

(四)"丽园魔方"课程模式的实施管理

学校整合校内外资源,设置"丽园魔方"式课程方案,课程覆盖学生面100%,在实施的过程中已初见成效。为了进一步提高"丽园魔方"式课程即拓展课程的质量,让更多的学生在自选参与课程活动中受益,我们进行以下的课程实施:

课程开发论证制

学期初,教师提交校本课程开发申报表和课程实施方案,初步确立课程名称、课程理念、课程目标与内容、课程实施与评价等设置。经上海师范大学等课程专家及学校课程教学部审核论证后,确定学校课程开发项目及人员名单,提出调整意见,课程申报与审核制度在源头对课程规划的落实起到了调控与把关作用。学校不断完善课程的进入机制和质量确认的评估体系,逐步形成课程开发论证制促进学校课程的有效开发。

课程文本及活动资料评价制

学期结束,课程执行老师将制定的课程方案、编写的教材教案及过程资料做整体收集与梳理,而课程领导小组和各教研组对每个课程资料进行检查,从中发现课程的亮点与不足。

其次,将课程展示和校园环境营造相结合,创设课程展示平台,凸显学校课程特色。定期完成五块"五彩童梦"课程实践版面、三个课程互动区域角的展示,鼓励教师根据收集的资料、成果和课程特点设计独特的展示方式,在课程的展示交流中,使老师们相互学习,共同提高,也鼓励学生在展示中展现自己的个性和能力,激发与提高学习的兴趣。

另外,学校以教研组为单位开展课程互评活动,课程部结合课程实施的巡查日志进行文本评价与反馈,对于优秀的课程实施给予表彰和奖励(绩效工资方案中的课程实施考核优良奖项目)。

课程效益的调研制

在学期中,课程教学部通过教师座谈、走访学生,及时了解课程的进程,学校还定期邀请教师、学生、家长共同参与学校课程评价,采用问卷等方式周期性地对学校课程设置的合理性、课程执行的有效性、课程成果的显著性等进行分析评估,并及时调整课程内容,完善课程管理,使之不断适应学生学习需求,激发师生潜能,彰显成效。

(五)"丽园魔方"的初见成效

"丽园魔方"课程模式立体化构成和立体化管理与实施至今,其运作具有一定规律性、稳定性和发展性,并取得了初步的成效。

红色课程助飞理想之梦

近年来,学校在红色理想课程的创建过程中,充分利用各种校内外的在地资源,并结合每年的春秋游活动,分年级设计了系列社会实践活动,实践活动与学科课程相渗透形成了德育实践课程。学校拥有一流设备的心理疏导活动室,对于一些心理特殊的学生来说,每周五下午都能来到心理疏导室,在老师的关怀引导下做疏导游戏,在那里,他们得到了心灵的安慰和情感的释放。学校的红色理想课程还以"我爱我家"为抓手,把握世博契机,开设"世博课程"。为学生创设了实践与探究的机会,增添了一本生动的世博"教科书"。学校秉承的"圆融通达"理念也在世博文化的熏陶下,生成富有时代特征的学校教育新资源。

橙色课程助飞灵动之梦

在每周五的下午的创新活动时间、在课间休息期间、在日常的体锻活动课中、在课余活动时间里,我们都能看到学生们在学校的各种体育活动场所里开心地参与着各种体育活动,体验着灵动课程的健身乐趣。空手道馆里传来响亮的呐喊声,整齐划一的动作展现了学生们勃勃的英姿;结合学校的篮球特色,开设篮球课程,组建的校篮球队配合默契、技能娴熟并屡获市区的冠军;操场上无论是"阳光伙伴"团队还是田径运动团队,频频传来佳绩,他们是卢实小的骄傲;在二楼的灵动之旅课程互动角,学生们玩着自己喜爱的各种体育游戏……学校的橙色灵动课程带着学生们迎着朝阳,迈开步伐,健康快乐地生活、学习。小小足球、律动篮球、丽园乒乓等橙色灵动课程让学生们身在其中,不亦乐乎,运动让学生们更阳光,使学生们更健康。

蓝色课程助飞智慧之梦

学校以尊重学生为前提,为学生创设了丰富的蓝色智慧课程,激发学生的学习潜能,唤醒学生的学习热情,为学习个体提供宝贵的学习经历。近年来,学生们不仅在蓝色智慧课程中体验着知识的奥妙,同时也在感受不断进步的乐趣。校园的大屏幕上时常播放着学生在市区各项数学、作文、朗诵、英语小品竞赛中

获得的奖项;校园里小记者们捕捉着各种校园新闻,校报上、校园网络上学生用文字和图片描写着精彩的校园生活;运用学到的数学知识与身边的生活相结合,做个小小的理财小能手;生动的课本剧、英语舞台剧赢得台下学生、家长、老师的阵阵掌声。蓝色智慧课程引领孩子们在字里行间感悟文字的力量和阅读的快乐;陪伴他们在神奇莫测的数字宫殿仰望智慧巅峰,共同寻找探索"迷"的解答;与之携手叩开通向世界的大门,让孩子们伴随着英语学习,感受异域文化的曼妙多趣。

　　绿色课程助飞探究之梦

　　绿色探究课程以问题为起点,以研究为中心,面向整个生活世界,强调直接经验,重视实践体验的经验课程,是将自然、社会和自我以及学科知识、学习经历与经验有机地融合的综合课程,充分满足了学生们对周围事物和现象的好奇心、求知欲,开发渠道让他们乐于尝试、主动探究,在探究过程中培养科学的态度和科学精神,发展问题解决能力和合作交流能力。绿色探究课程实施至今,学生们在绿色的植物园里播下好奇的种子,观测植物发芽成长的过程,收获累累的果实,分享成功的快乐;乐高机器人、百拼机器人的课程中学生编出了一个个程序,让一个个机器人跳起灵活的舞步;"未来教育"信息技术课程中,学生们设计出了一张张有创意的课程名片;在绿色探究课程中,学生们探索着中国文化与异域文化的奇妙与深邃,寻找着自然和艺术的神奇与美妙……绿色探究课程正在成为孕育学生们探索科学梦想的摇篮。

　　紫色课程助飞遐想之梦

　　下课时分,在四楼的"遐想之梦"区域活动角里传出了一阵阵悠扬的钢琴声,你一曲我一曲获得了同学与老师的掌声;画一张贺卡作一个创意小制作送给同学表达彼此的友情;在唱游室,屡次获得市区比赛佳绩的丽声合唱团一遍遍地唱着和谐的歌曲,一张张小脸洋溢着快乐的笑容;舞台上,孩子们欢快的跳着舞,这是他们在舞蹈房里洒下的汗水结晶;在五楼的三个美术室,孩子们选择了不同的创意设计课程,运用生活中的各种材料(甚至废旧材料)、各种绘画工具描绘出一幅幅心中的梦想。"生活小窍门"的课程让孩子们巧妙地运用学到的生活小常识,树立环保绿色的生活理念,"书法艺术"课程在传授写字、书法的技能之外,也提高了学生的修养。紫色遐想课程是学校为孩子们创设的艺术乐园,在这个乐园里,老师携手孩子们播下艺术的种子,收获快乐的果实。"丽园歌舞"是孩子们歌唱心声、演绎个性、才艺和自信的舞台;"书画创意"是孩子们乐活学习,美化生活,陶冶心情,创想未来的天空,畅游在紫色梦幻的艺术世界里,孩子们将无比欢乐。

案例二:"圆桌导学"——助飞孩子、圆梦成功

【"圆桌导学"的文化背景】

每周一至四,3点30分之后,步入上师大卢实小的校门,在一个个教室里都能看到这样的身影:一位老师带着三五位学生团团围坐在一起,学生们认真听着老师的辅导,或老师们细细看着学生的学习过程,这就是学校的圆桌导学课程。

"圆桌"即是指这种辅导的方式,没有教授式的一问一答,更多的是平等状态中的征询与辅助;"圆桌"更是反映着学校的办学理念"修德允能"。孩子们的学习必定会存在着差异,尊重差异是对人性的尊重,有学习辅助需求的孩子在小班化的情景中,更愿意反映出自己的学习困惑,老师针对性的辅助,更能体现出"允能"教学的精髓。

"圆桌导学"的运作过程中,"允能"作为核心理念被凸显,一种和谐、平等、尊重的"师生行为"在"圆融文化"7S模型中作为显性要素指向其余的各类要素,综合运作,最终不断完善凸显学校的"圆融"文化。

"圆桌导学"——助飞孩子、圆梦成功

（一）"圆桌导学"的背景与特点

小学教育是人生教育的基础，是培养孩子理解能力、表达能力、观察力、行为能力等最重要的时期。秉承"修德允能，圆融通达"的办学理念，学校整合资源，开设相关课程，进一步确立以"学生发展为本"的理念，充分尊重孩子个性，促进学生个体发展。

学校以优质为核心追求，在基础型课程的实施中，学校尊重学生的差异性，特开设"圆桌导学"课程，深化对学生的作业要求和个别辅导，通过分层导学，更好地促进学生个体发展，切实减轻学生课业负担，提升学生学业水平。

"圆桌导学"是对学生进行课后个别辅导的新形式，它具有以下特点。

基于学情，以学定教

"以生为本，以学定教"是有效教学的基本规律。构建运用符合教学规律的教学模式，充分内化和发挥学生主体、教师主导的作用，让每一个学生都能充分地"动"起来，自主地去学习新知，自主地去发现问题、提出问题和解决问题。

"圆桌导学"的教师对学生进行学情诊断，根据学生已有的知识水平和学习能力制定导学目标、设计导学方法、预测导学结果。教师关注导学中的问题生成，及时调整导学策略，力求有效地组织导学以达成既定的导学目标。

优化形式，激发兴趣

"兴趣是最好的老师"，激发学困生的学习兴趣，不但可以产生高度集中的注意力和稳定的学习情感，而且还可以产生探求知识的强烈欲望和努力进取的精神。

"圆桌导学"秉承"圆桌理念"，一改以往教师在上讲、学生在下听的形式，而是教师和学生围坐一起，消除了师生之间的距离感。以学生感兴趣的话题入手，以学生的自主求知愿望为主进行导学，给学生创设了一个平等的、宽松的学习交

流环境。教师和学生可以以围坐成圆圈的形式进行教学行为,充分体现平等、圆融、和谐。

关注个体,因材施教

每个学生都是世上独一无二的,都具有学习、创造的潜能。《课程标准》中提出:"课程必须根据学生身心发展和学习的特点,关注学生的个体差异和不同的学习需求,爱护学生的好奇心、求知欲,充分激发学生的主动意识和进取精神。"

"圆桌导学"有其独特性,参加的学生具有特殊性,因此在导学过程中,坚持"因材施教"原则,有别于面对全体学生授课。由于学生们存在着很大的个体差异,基础知识、认知水平都有一定差距,唯有因材施教,有针对性地逐一分层解决,才能在教学实践中使学生有不同程度的提高,让每个学生都有一个充分发展的平台。

Ⅳ-8 走进孩子的心灵

(二)"圆桌导学"的实施

确定导学对象

教师通过对学生的课内学习效果进行评估,深入了解学生的学习需求,根据学生特点和学习状态制定导学名单。学校在征询学生及家长的意见后,采取定时定地点分学科的方式为个别学生提供课后辅导。

确立导学内容

在了解学生学习需求的基础上,制定导学规划,确立导学内容,思考导学方法,力求"圆桌导学"课程的开展具有针对性和实效性。

1. 根据学情、整体规划

教师根据学情分析,对导学过程进行整体的设计,选取最优的方式和方法。在整体设计的过程中,适时调整教学难点,进行"难度规划",以适应学生学习的实际情况。"圆桌导学"的辅导有明确目的,重点抓基础知识,抓基本技能,并且做到辅导有梯度,紧扣重点、难点、疑点,符合学生的认知规律。

2. 依托教材、梳理内容

《课程标准》提倡开发与利用教学资源,其最重要的教学资源就是学生学习的教科书。教师从教材入手,认真钻研理解教材,挖掘教材中的训练要素,依据年段目标、单元目标、课文特点、课后思考练习等进一步梳理,选取符合教材与学生实际的内容进行导学,帮助学生有效掌握教材中涉及的各个知识点。

3. 巧设练习、精讲精练

练习设计的目标制定与课堂教学的目标制定无异,立足学情,研透教材,围绕教学重难点贯穿整体,分层设计。练习设计从教学重点处入手,巩固知识,夯实基础;练习设计从学习困难处入手,解决问题,教给方法;练习设计从学生兴趣处入手,引导探究,勤于实践;练习设计从学生的生活入手,学以致用,提升能力。"圆桌导学"时,教师设计提供量少、质精、效优的分层课业来巩固课内的学习效果,通过巧设练习,扎实课堂教学,通过精讲精练,提升学生的学业水平。

调整导学方法

1. 记录学习情况,了解学生走势

教师认真记录每次的导学情况,观察学生的学习状态,了解学生的学习水平,努力帮助学生营造赶、帮、超的学习氛围。参加"圆桌导学"班的孩子,普遍对学习不够自觉、自信,因此,教师在导学过程中重视对学生学习主动性和积极性的培养和提高,使学生转变观念、认真学习、发展智力,积极地投入到每一次的导学过程中,进行导学记录,深入分析学生的过程表现,了解学生解答习题中思维的水平与质量,有利于了解学生的走势,促使每一个学生的学习不断进步,能力不断提高,有助于全面提高教育教学质量。

2. 不断交流反思,改进导学措施

通过"圆桌导学",孩子和教师有更多的时间交流。课上短短的 35 分钟,始终无法关注到所有的学生,而圆桌为孩子和教师建立了沟通的桥梁,教师有更多的时间了解摸索学生,捕捉学生思维的痕迹,了解学生学习的水平和质量,发现学生存在的问题,及时找到应对的方法。教师通过不断交流反思,改进导学方式,使课程教学更具针对性、时效性、实践性。

应用导学评价

教师根据学生在导学中的学习态度、学习效果等情况作出过程性评价和总结性评价。在"圆桌导学"中应用评价可以激励学习进步的学生,让其树立起学习的信心,又可作为导学内容和方法进行适切调整的依据,可以帮助学生更好地掌握导学知识。通过评价,促使每一位导学班的学生学有所思、学有所获,力求让他们在快乐中学习,在收获中进步。

(三)"圆桌导学"的成效

1. 兼顾了学生不同的差异与需求,受到学生、家长肯定

"圆桌导学"充分关注学生的个体差异,根据学生的不同学习能力和不同需求,适当调整组合学习内容,从而完成不同的教学任务,达到不同的教学目标。教师根据学生间客观存在的个体差异,科学有效地开展差异教学,从而最大限度地挖掘学生的学习潜力,帮助他们在原有基础上最充分地发展和进步,该课程受到学生、家长的大力肯定。

2. 激发学生的学习兴趣,学生学习水平呈上升趋势

学生喜爱"圆桌导学"平等、民主、对话、合作的学习方式,部分学生不再为难题而苦恼,他们在导学中得到一一解答,他们不再为学习而困惑,树立起了学习的自信心。随着导学的有效推进,学生的理解力正在逐步提升,知识运用的熟练度正在提高,学习水平呈上升趋势。

3. 提升了教师的学法指导力,提高了教学的有效性

"圆桌导学"构建了现代教育的新型教学模式,教师从知识的讲授者转变为学生学习的指导者、学生活动的导演者,教师以学生的发展为本,重视学法指导,整体的教学效果得到了提升。教师深刻地认识到,激发学生兴趣是提高教学有效性的前提,学生积极参与是提高教学有效性的关键,教给学生解题技巧是提高教学有效性的基础,引导学生整理知识是提高教学有效性的保证。在导学过程中,教师潜移默化地影响学生,启发学生,让学生在接受知识的同时,得到学法指导,实现有效教学的追求。

"圆桌导学"为需要帮助和关注的学生搭建了良好的平台,建立了师生间和谐圆融的文化纽带,把更多的锻炼机会留给学生,把期待的目光投向学生,把赞许的语言讲给学生,使他们产生不断进步的勇气和信心。"圆桌导学",助飞学生成长,圆学生之五彩童梦!

第五章 学校文化是心灵深处的精神自信

核心提示：

文化，就其本质来说，只能是深层次的东西。文化的内在性和深刻性在于它反映了人的价值本性和精神自信。与作为人类活动背景和基础的自然世界不同，文化世界是人类进行活动的产物，它是人的自由创造本性的见证，是人的精神理念、价值关系的显现。一言以蔽之，文化的世界即是"人化"的世界。文化与人文的内在关联正在于此，因为正是通过文化环境的构建和文化活动的展开，人才改变了他与对象世界的那种动物式的"事实"关系、"物质"关系、"自然"关系，建立了具有无限丰富意义的"价值"关系、"精神"关系、"人"的关系。一方面他在所改造的外部世界中打上"人"的烙印，使外在自然"人化"，另一方面，更重要的是，他也改变了自身的自然，使自己的禀赋、感觉、情绪、意欲、思维、行动等都获得了"人"的自由属性，就是说，他自身的自然也"人化"了。总之，文化使"人"成为"人"。文化世界是一个以人为本体的世界，是一个以人的意向性为动力和指向的世界，是一个以人的活动为基本运动方式的世界，文化本身具有人文性质和人文精神。

一、"丽园有约"项目的设计规划

"丽园有约"项目对接的是"圆融"精神文化层面的实践研究,"圆融"精神文化 7S 模型中显性要素的特点决定着本项目的设定及设计意图的体现。

（一）设计意图

"丽园有约"是以分享学校的办学理念"修德允能、圆融通达"为核心愿景,建立在"圆融文化"即"平等与尊重、沟通与分享、融汇与促进"核心价值观之上的实施项目,由师生共同参与、共同经历愿景分享式的互动项目。项目由一系列的子项目构成,通过"丽园有约"这一品牌项目,以"圆融讲坛"、"丽园校报"等平台,让师生在"丽园有约"中分享各自对学校"圆融"文化认同的感悟、提供完善丰富学校"圆融"文化的建议等。在"丽园有约"中师生最终能从尊重、平等、分享式的愿景中体验和感悟共同力量的强大作用,使群体的每个成员产生一种精神的认同感和归宿感。

（二）要素运作说明及实施途径

根据"圆融"精神文化 7S 模型的特点选取"丽园有约"项目与之对应,在模型中"分享愿景"要素为显性要素,这里的愿景是指基于学校"圆融文化"下的办学理念"修德允能、圆融通达"。"分享愿景"要素直接指向于"专业能力"、"师生行为"、"风格标识"要素("圆融"精神文化 7S 模型图中的实线箭头连接),意味着本项目的设计及实施过程,以凸显"圆融"文化的"分享愿景"要素为主要关注点,通过"丽园有约"品牌系列实施案例,使"丽园有约"成为分享愿景、提升教师专业能力、分享师生圆融文化行为、凸显学校圆融文化物质文化标识的一个项目,最终达到不断丰厚、完善学校"圆融"文化的目的(见图 5-1)。

【途径一】开发并运作《圆融讲坛》子项目,以"圆融"文化为核心,辐射运作于"风格标识"文化要素,形成"圆融"文化的外显标识,进一步完善学校的特色文化。每周定期开展

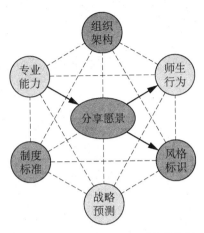

图 5-1 "丽园有约"项目要素结构图

系列化的讲坛活动,教师以讲述者或倾听者的身份,得到专业信息、感受文化气息、共享愿景。同时,讲坛也辐射学生群体、社会、家长和上海师大等领域范围,邀请他们走上讲坛,与学校的教师进行智慧的分享。教师在分享愿景的过程中,感受学校文化,继而形成"圆融"、"允能"的精神文化。

【途径二】以《丽园》校报的形式记录发行各期"丽园有约"的实录、综述与专家点评。教师中成立《丽园》编辑部,他们责任明晰、圆融合作,家长为《丽园》校报提供资源,参与校报的编辑和出版,更为主要的是,《丽园》是孩子们展示个性特征和能力魅力的舞台,他们乐于将自己最优秀的作品与老师和同伴进行分享,从中感受成功。

二、"丽园有约"项目的实践要点

"丽园有约"项目的实践是以"分享愿景"为主要思考原点,在实施过程中,以"丽园有约"系列活动的开展提升师生对学校核心文化的认同。具体的实践要点如下:

【要点一】核心价值观分享

"丽园有约"项目的运作将"核心价值观分享"作为所有行为的思考原点。子项目设计的理念要从"分享"的理念出发,平等并尊重群体中的个体所表现出的个性和能力的差异,充分考虑到每位教师和每个孩子的心理需求,因人而异地为每个不同的个体提供展示的机会,搭建分享的平台,让个体的能力得以最大化的发挥。

【要点二】融汇互通

"丽园有约"项目的运作将"多向、融汇、沟通"作为所有行为的准则。愿景的分享要辐射到学校教育的教师、学生、家长等方方面面。充分融汇各方资源进行双向乃至多向式的沟通交流,在观念的冲撞与激发中形成"允能"的行为文化,生成"圆融"的学校精神文化。

【要点三】体验成功

"丽园有约"项目的运作将"激发、促进、圆梦"作为所有行为的目标。分享愿景式的多项活动,以不同个体的不同心理需求出发,激发每个参与者的潜在才能,"圆融讲坛"上教师们从不敢说出自己的观点到努力陈述,再到敢于表达、乐于表达。"丽园有约"所搭建的各种平台在展示中促进群体和个体能力的发展,圆每个人的需求和梦想。

三、"丽园有约"项目的实践案例

案例一:"圆融讲坛"——学校文化展示的平台

【"圆融讲坛"的文化背景】

在上师大卢实小的校园里有一个平民讲坛,讲坛的主角不一定是学校的管理者,更多的时候是老师们、学生们和家长们。

"圆融讲坛"作为实现教师精神愿景,学校深层文化探究的一种新模式,一项新资源适时地出现在大家面前,这种研修模式的出现顺应了学校办学的需求,教师专业化发展的需要,有效地促进大家对学校圆融文化的认同和坚守。"圆融讲坛"的开设立足于学校倡导的圆融文化的背景下,通过"办学理念"解读、我讲"课程开发的故事"、"好书推荐"品读、"教学一技"剖析、学业质量分析等系列活动的开展,为教师们搭建了倾听、沟通、融汇的平台。讲坛的开设旨在鼓励教师积极表达观点,激发教师专业潜能,创设互融互通的交流空间和学习机会。同时在凝聚智慧,激励创新的讲坛上逐渐凸显出卢实小尊重能力、尊重专业、合作创新的教师行为文化。

"圆融讲坛"也是孩子与家长的互通平台,在讲坛上孩子倾诉心中的凤愿和对课程的需求;家长们互动交流着对学校教育教学的期许与家庭教育的困惑。

"圆融讲坛"的设计及运作过程中,"修德允能、圆融通达"的办学理念始终融合在设计理念之中。促使"圆融文化"7S 模型中的"分享愿景"要素指向其余的各类要素,综合运作,最终不断完善凸显学校的"圆融"文化。

"圆融讲坛"——学校文化展示的平台

(一)"圆融讲坛"主题文化

1. "办学理念"的解读

"修德允能、圆融通达"是根植于学校历史土壤,从现今指向未来的一种办学理念。它承载着上师大卢实小人的理想和愿景,涵盖着我们对学校文化的包容和吸纳,思想上的开放与交融。面对有着不同文化背景的教师群体,面对部分教师对学校文化认同的迷茫,学校"圆融讲坛"第一讲就以"办学理念"的解读为研修的切入口。每位教师结合自身教育工作,挖掘教育内涵,通过 200 字的办学理念的解读,在一次次的对话交流中,一次次的思维碰撞中,逐渐清晰地认识到学校所倡导的文化氛围,真实地感受到办学理念中所秉承的修德境界和价值取向。教师们对学校的圆融文化有了更加深入的理解和认同。

教师版"办学理念"的解读(节选):

教育即生长
——对"修德允能、圆融通达"办学理念的理解

关键词:尊重、启迪、悦纳

尊重人格:人与人是平等的,学生之间更是没有贵贱高低之分,教育没有歧视,没有简单与粗暴,每个孩子都享有均衡的受教育的权利。尊重天性:成人时常会以自己的意志与愿望来要求、约束孩子,其实孩子在不同的成长阶段都有着

每个阶段特定的表现,即使是同一个阶段不同的孩子,也有相互的差别。因此,教育应该遵循这样的规律,为他们的成长提供自由、宽容、宽松的环境,尊重学生的兴趣与个性发展要求。

启迪智慧:教育的目的之一是实现头脑的价值。作为基础教育阶段的教师承载的任务应该是为学生开启一扇扇窗,让他们看到丰富多彩的世界。珍视孩子的想象力、好奇心、创造力,引领学生对知识产生兴趣,逐渐具备学习知识的能力,让孩子们的天性以及与生俱来的能力得到充分的发展。启迪心灵:也就是净化灵魂,在学校丰富多彩的课程中感受真与美,丰富精神世界,充满爱心与责任心。

悦纳:要改变学生,先得改变自己。教师自身的素质所形成的良好氛围,对学生的成长起着本质的作用。我们的家庭、学校、社会应该少一分挑剔,多一分鼓励;少一分嘲讽,多一分赞美;少一分打骂,多一分悦纳!悦纳是一种宽容,也更是一种欣赏,需要具备海纳百川的魄力与胸怀,带着这样的一种心境对待身边的人与事,不断在学习实践中与学生一起成长。作为教育工作者我们的目光应该长远,给孩子一片自由的天空、一个快乐的童年。——袁海莉

圆融讲坛"办学理念"的解读,加深了教师对学校圆融文化的认同感。将教师的关注点逐渐汇聚到学校的发展中,将视角投射到校园文化的创建中,为营造和谐圆融的育人环境而积极积蓄着能量。

同时,学生版的办学理念解读、发展目标解读也一次次地在"圆融讲坛"上倾诉着大家心中的"修德允能、圆融通达"和"圆融"文化。

2. "课程开发"的故事

学校在周五创新课中进行了学校"五彩童梦"拓展型课程的实施。授课的教师们同时还有另外一个身份,他们还是该课程的开发者。学校在创新课之初,让每位教师根据学校"五彩童梦"课程分类框架,依据自身的特色特长,自由申报开设课程。经过课程管理流程的一系列审核,有的课程已初具规模,有的开展得有

声有色，并硕果累累。在这些课程开发的背后，有着每位教师的智慧。"圆融讲坛"第二期就将这些课程开发背后的故事一一展现出来。

课程开发的老师们将他们的心路历程流淌于笔尖，在周五的"圆融讲坛"上进行心智分享。教师们经历了课程申报、课程审批、教材编写、课程实施、学生评价等一系列的过程，这其中有感人至深的创新精神，更多的是教师们对专业的思考与成长的记载。经过一轮的课程开发，让教师对所执教的整个课程体系有了更为深入的认识，呈现的是课程开发的故事，实则是教师对"课程"的内涵理解。

3. "好书推荐"的品读

随着学校办学规模的持续发展，培养一支具有修德育人境界和圆融通达气度的教师队伍，逐渐成为学校发展道路上的新导向和新航标。"圆融讲坛"系列三之"好书推荐"活动的开设为教师搭建了提升文化品质，修炼师德素养的一个崭新平台。每期讲坛都由来自教学第一线的教师进行主讲，他们以介绍一本好书为主线，将书中所阐述的观点和思想与课堂教学有效融合。通过"我们爱读书"、"走进儿童教育经典"、"心的交流"、"缕缕书香、智慧的源泉"等一系列品读好书的过程，将视点聚焦于教学环节，深度剖析教学细节，使每位教师在分享彼此的专业经验和教育积淀中得到提升，有效地促进了教师对学校圆融文化的认同和坚守。

"走进儿童经典教育"中两位主讲老师就如何协调好各方的关系，去实现培养孩子这个共同目标进行了探讨。他们阐述的许多观点引起了在座教师的共鸣和反思，书中某些经典案例的叙述引起大家对教育中的奖惩和表扬问题的深入探讨。"心的交流"则教会我们要倾听孩子的心声，用内心的真诚打动他们，让教师的教育方式真正被孩子所接纳。随着好书推荐活动的深入开展，教师对书籍的选择也有了自己独特的见解，并能和日常教学工作紧密结合。其中一位老师推荐的《思维的碰撞》就是一本关于中小学教师综合素质问题的案例集萃，透过一个个生动而鲜活的案例，一篇篇闪现着思想火花的精辟评析，我们可以看到教师在教育实践活动中的审视和反思。书中把教师的基本素质、职业道德素质、心理素质、教育教学业务素质等具体化、个案化，从而阐释了教师素质提高的若干问题。

教育的发展需要智慧型的教师,而智慧的取得需要我们每位教育工作者不断学习、思索和积累。圆融讲坛"好书推荐"系列活动的开展为教师加强教育内涵的理解,教育观点的阐述提供了更为适切的舞台,为教师们创造了良好的学习和交流的机会。教师们在主动学习和接受新鲜事物的过程中,分享书籍的智慧源泉,彰显自己的个性主张,逐步提升教师对学校圆融文化的培植度。

4. "教学一技"的剖析

抓住教育契机,聚焦课堂教学,探寻提升教学质量的根本,是现今教育研究的走向和发展趋势,更是提高教师专业化能力的内核所在。圆融讲坛系列四亮出你的"教学一技"为不同层次的教师进行了专业化的指导和专题培训。教师以聚焦课堂,关注学生发展为前提,不断探寻教育教学中的现象,在研修过程中,以教师的"行动教育"为载体、强调专业能力引领和教育行为跟进。通过经历的事件回放探寻阶段、运用技能剖析阶段和行为跟进实施阶段来共享教育教学的场景,发挥教学的一技之长。第一讲由年轻的新教师向大家展示了她的教学一技,她将自己在日常教学中发现的现象和学生的共性问题进行了分析,并运用科学、适切的方法和举措予以引导和行为跟进,使学生逐渐养成了良好的学习习惯。透过表象看本质,我们会发现日常教学中有许多现象值得我们去探寻,值得我们去剖析。"教学一技"的展示为教师们创设了激发潜能的途径和施展才能的机遇。

(二)"圆融讲坛"的后续思考

"圆融讲坛"系列活动过程中,我们"解读理念、讲述课程、品读好书、展现技能",感受着和谐圆融的研讨氛围,分享着彼此的专业经验和教育积淀。教师们在展现才华和创意的同时,专业能力逐步得到提升,办学理念逐渐渗透在教育教学中,融入到学生培养目标里。我们在相互评论,相互探寻和持续改进中,逐步提升和完善"圆融讲坛"专业研修的内涵发展。

在后续的"圆融讲坛"中教师们的主题将会更聚焦教育教学行为的内涵式发展话题,让"圆融文化"在教师行为文化的转变中进一步地凸显;"圆融讲坛"中将会邀请更多的孩子、家长及各界教育人士共同参与,让圆融开放的理念在"圆融讲坛"中有更好的体现。

案例二:"丽园校报"——学校文化传播的平台

【"丽园校报"的文化背景】

一张张彩印的报纸,"丽园"两字大大地书写在报刊的抬头,这是一份属于上师大卢实小的校报。

丽园——承载着历史,几代人的追求与夙愿。在卢湾世博园区的一隅,丽园路畔,以丽园为名的两所小学,与上海师范大学相融。从"厚德"到"修德";从"博学"到"允能"。历史与现今,传承与创新,赋予上师大卢实小的每一员一份责任、一份追求:在"修德允能"中,完成人生的修炼与蜕变,让卢湾实小的校园成为走出校园的每一位——孩子、老师们值得共同回味与向往的"美丽家园"。

丽园——彰显着精神,"圆融通达"是学校文化的一种追求与向往。"圆桌精神",我们在"平等与尊重、合作与责任、对话与分享"的过程中融合共生;我们在彼此的沟通、"通达"中促成发展。理性的通达、感性的圆融,在这方美丽的校园内我们共同成长,在这方美丽的校园里,《丽园》成为我们的学习、生活、文化的表述。

V-1 传递学校文化的"丽园校报"

丽园——向往着未来,美丽的校园展现着绚丽的生活,在《丽园》中我们带您走进校园、了解教师的风采、共享孩子们的成就、分享家长们的心声。在美丽的校园中,我们共同努力,共同向往,为未来、为明天……

"丽园校报"的设计及运作过程中,始终体现"修德允能、圆融通达"的办学理念为促使"圆融文化"7S模型中的"分享愿景"要素指向其余的各类要素综合运作,最终不断完善凸显学校的"圆融"文化。

"丽园校报"——学校文化传播的平台

上海师大卢湾实小以一流的教学设施以及全新的校园风采展现于世人面前。为了让校内外信息互通,让各种人际关系互融,让经验成果互享,一同见证和记录每一位孩子和教师的成长历程。学校创办了《丽园》校报,这份校报成为每一位卢实小人的精神食粮,也成为了学校文化传播的平台。

(一)《丽园》校报的创建足迹

2009年5月学校创办第一张上海师范大学附属卢湾实验小学校报。全校师生、家长积极参与,历经报名和版面的征集与选定、编辑部成员的招募与组建、《丽园》校报名的揭幕等一系列工作,至2010年4月29日,学校举行了《丽园》校报的首发仪式,来自区教育局、上海师大和打浦街道的领导们为第一期校报揭幕。

(二)《丽园》校报的风格与结构特点

1.《丽园》校报的风格特点

《丽园》校报具有互动性。校报是学校师生与家长共同创造的,学校的办学理念、办学意识和行为等对师生、家长的影响不可低估,校报只有在彼此互动中才能使校园文化得以传播。

《丽园》校报具有渗透性。校报像和煦的春风一样,飘散在校园的各个角落,渗透在教师、学生、家长的观念、言行、举止之中,渗透在大家的教育教学科研、读书学习、做事的态度和情感中。

《丽园》校报具有真实性。在许多校内发生的事件中,校报的传播对象本人就是实施者和目击者,校报新闻报道处于师生、家长的直接监督下,由于大家有机会亲眼目睹新闻事件的发生,也可通过其他渠道获知信息,大家在看报纸时就会格外地挑剔,其内容与事实稍有出入,对现场和人物的描写稍有偏差,就会使他们对整篇报道产生不信任感。因此,校报内容的真实性直接决定了传播效果的好坏。

2.《丽园》校报的结构特点

(1)《丽园》校报版面的选定

要办好一张校报,必须有全体师生的积极参与,当然还包括每一位家长的高度关注与支持,只有共同建设,才能使校报成为每一位卢实小人的精神食粮。为此,学校迫切想看到来自家长和孩子们的真知灼见,建议每个家庭开一次"主题讨论会",对校报开设的栏目提出较为具体的建设性意见。

全校八百多个家庭参与了校报版面的征集,在广泛听取师生、家长的建议后,校报最终定为四个版面:

● 头版:整合市区教育系统重大新闻、学校阶段工作时事新闻、师生获奖情况等。

● 学生版:展现学生在阶段过程中的成长足迹、心路历程、童眼视界等。

● 教师版:聆听教师心语、呈现教师作品、互通教育教学案例经验等。

● 校园版:倾听学生家长需求、汇聚学校"五彩童梦"课程等。

(2)《丽园》校报编辑部的成立

《丽园》校报编辑部在自荐与推荐相结合的举措中于2009年9月成立,由一位家长和五位教师组成,分别担任校报总编辑和四个版面的编辑工作。

(三)《丽园》校报传播学校文化的途径

1.《丽园》校报——家校互动的平台

构建家校互动平台,创新教育手段,形成教育合力,是上师大卢实小教师一直在探索的,校报的诞生可以切实提高学校在家庭、社会中的知晓度,特别是可以搭建起家校互动的平台,使家长真正参与到学校各项活动的组织与策划中,如:校报的首发仪式。

2010年4月29日,一个紧邻世博会开幕的日子,一个承载着孩子们五彩童梦的日子,一个家长、社区、学校共聚的日子。在这特殊的日子里,卢湾区教育局、上师大和打浦街道的领导们为《丽园》校报揭幕,当舞台上方缓缓展开《丽园》校报创刊号时,全场掌声雷动,因为那一张张校报汇聚了师生、家长的智慧与心血,展示了学校师生、家长在课程改革中的成果,为学校的发展添上了浓重的一笔,从此《丽园》校报将成为传播学校文化的重地、成为家校互动的平台。

2.《丽园》校报——五彩课程的舞台

《丽园》校报——五彩课程的舞台。这份校报传播的是:"圆桌教育"办学理念架构起孩子的梦想通道,"五彩童梦"拓展课程勾画出孩子的梦想乐园,"圆融通达"智慧管理托举起孩子的梦想旅程。如《丽园》校报第三期:五彩课程专刊。

从这份五彩课程专刊中,师生、家长乃至社会各界关心上师大卢实小发展的人们,他们从校报中了解到创新实践日拓展课程设计的基本原则是从社会、学生、学科三个维度来设置。知道了其中一类为限定拓展课程,这类课程要求每个学生必修,着眼于培育学生和谐身心,并关注与国家课程、地方性课程的衔接、融合与拓展;另一类为自主拓展课程,供学生选修,从关注学生的多元智能与个性爱好入手,帮助学生有选择、有差异、有个性地发展自身。更懂得了创新实践活动日给上师卢实小拓展型课程开辟了一片广阔的新天地,在这片天地中孩子们的梦想一定能得到助飞。

从五彩课程专刊中,我们深切地体会到家长对学校课程设置的赞誉。四(1)班洪晨妈妈特意写了一篇《家长眼中的"五彩童梦"课程》的文章,文章中写出了家长从对课程疑虑到惊喜到赞叹的心路历程,摘录其中一段:"说实话,最初对于这些名字非常动听的课程心存了些许疑虑,也曾担心究竟是不是概念炒作,徒有其表;或者是一时兴起,只能维持三分钟热度。不过,一年多过去了,'五彩童梦'课程的内容越来越丰富,近40门不同领域的课程设置,让孩子们的选择更加丰富多彩,个性拓展也更加鲜明。亲眼看到女儿洪晨参与五彩童梦课程的兴致越来越高,回到家常常津津乐道于白天在学校参与了哪些课程,有了哪些收获,我仅存的那丝疑虑也就被打消地一干二净了。在如今这个人人都紧张分数、关心升学率的教育大环境里,孩子们就好比天天在战场兵戎相见,我的女儿却能在学校里安然地享受着一片净土,这让我不得不重新认识上师大卢实小五彩童梦课程的奇思妙想,有时都忍不住羡慕起女儿的学校生活来。五彩童梦给了我们的孩子创造梦想的愿望,给了他们展翅的力量。正是上师大卢实小这片小小世界,蕴育了一群不同一般的小小梦想家……"《丽园》校报真正成为了家校互动的平台。

　　3.《丽园》校报——阶段工作的展台

　　学校文化的营造过程中有着众多富有魅力的事与人,校报能第一时间予以展示,它能够激发孩子们的学习激情,能够成为学校阶段的工作展台。

　　学校结合五彩童梦课程的特点,在暑期各项活动的整合中,精心设计了以"童心向党自助游,玩转暑期五彩梦"的系列主题活动。以《丽园》校报为载体,发行《丽园》校报暑期特刊,在校报中向学生推荐学校精心设计的暑期版"五彩课程"自助游,让每一位学生在假期中也能接受丰富多元的学校特色课程,感受极具个性化的学习体验与生活感受。

　　《丽园》校报正向大家传递着:上海师范大学附属卢湾实验小学的"五彩童梦"课程的愿景是以"修德允能、圆融通达"的学校核心文化为引领,整合学校、社会、家长等各类教育教学资源,以"德"修身为核心,以"能"创新为重心,圆学生个性发展需求、兴趣探知的梦想。

　　《丽园》校报作为学校文化传播的平台,一定能使校园里的新气象得以广为传播;师生们的风采得以充分展示;家长对子女成长的关注得以迅速传递……它将是透视校园的一个窗口,是学校"圆融"文化向大家诉说的一个论坛,是扩大校内外联系的一条纽带,更是上海师大卢实小校园文化的一道亮丽风景线。

跋　学校文化变革的"实践智慧"

学校管理，经历了从经验管理到科学管理再到文化管理的历程。文化管理中把"人"假设为有"自我实现"欲望的文化人，通过确立学校的核心价值观并借助各类实践路径内化到学校师生的思想意识中，激发他们的主观能动性、提供师生发展的时间与空间、鼓励创新与探索，通过师生的主动与热情、投入与互通，实现超越经验管理乃至科学管理的一种高效管理效能。

上海师范大学附属卢湾实验小学位于上海市南黄浦滨江地区，与世博园区相邻。学校始建于50年代初期，为私立修德义务学校；50年代中期（约1956年）改名为卢湾区丽园路第一小学；2007年9月与上海师范大学合作办学，更名为上海师范大学附属卢湾实验小学；2009年9月与丽园路第三小学合并，仍称为上海师范大学附属卢湾实验小学。

学校有着近60年的办学历史，从开创时期的"修德"义务学校，到实施素质教育在全市首批探索实验小班化教育，再到与高校合作办学过程中提出"平等与尊重、合作与责任、对话与分享"的圆桌办学理念。学校的办学者与老师始终在关注学生个体、尊重学生发展、探寻资源共融的过程中一步步实践与探索，积淀了较为丰富的办学经验。学校的篮球、书法、创意设计、合唱、模型等个性特色课程在区域内享有一定的声誉。

随着两校合并、与高校深度合作办学、整合家长资源开放办学等教育管理命题出现在学校管理者面前之时，我们利用SWOT分析对学校办学现状作了全方位调研与分析，总结如下：

其一，由一所规模中等的普通小学更名转变至上海师范大学附属卢湾实验小学，又同时并入了一所小型学校，两所学校合并产生了文化冲突：教师行为文化认同上的迷茫、制度文化构建上的分歧以及物质文化构建上的硬件缺失等等。由于形势严峻、时间紧迫,需要比较快地形成全体教职员工的共同愿景与价值观,使学校能快速度过"转型期"并为进一步的加速发展奠定良好的文化基础,形成大家所认同的一种学校文化,即呼唤一种立足传统与现实文化土壤并超越历史,指向未来的学校"特色文化"的诞生,来促进学校发展的需求。其二,与高校合作、与社会办学资源的整合、与家长资源的合作需要学校通过融汇各方教育资源,提高办学开放度,加大学校与高校、社区、外地区的联动合作,并从形式走向内涵,通过整体规划与内涵深度合作相结合,营造上海师范大学附属卢湾实验小学的"大教育"环境。

在"圆融"文化的构建及完善阶段,关于实践路径的思考与探索一直是本书得以具体操作、体现成效的一个重要方面。下文将以"圆融"文化实践路径的视角对本研究进行阶段性的反思与总结。

一、实践路径在"圆融"文化构建中的作用

学校文化,特别是一所学校的文化在创生、完善的过程中必定需要思考其有效性的问题。因此,在本研究中把属于上海师范大学附属卢湾实验小学的"圆融"文化的实践路径作为研究的切入口成为一种必然的选择。

通过本研究可以发现,以实践路径作为切入口进行研究与实践,使得学校文化的创生与完善找到了可操作的路径,项目的实施在"圆融"文化的完善过程中起到了巨大的促进作用,同时对学校解决目前的困境及今后的发展起到了巨大的推进作用。

(一)可操作作用

实践路径的可操作性在"圆融"文化的创建期及完善期都起到了很好的作用。

"圆融"文化创建的过程中,通过"积淀内生"及"植入再造"的融合方式,尊重学校的历史与现今的需求——基于学校的现状,汲取学校历史文化的丰厚积淀,凸显学校的文化特色。管理团队对学校的历史文化的积淀进行清晰地剖析与抉择,选择文化积淀中的精华元素并结合学校发展的现状,构划出属于这个学校的特色文化并予以实施来促进学校的发

展。同时,管理团队借鉴了企业文化 7S 模型的内涵,通过植入嫁接,便捷、快速的方式打造学校的"圆融"文化。融合式的学校文化创生,集两种实践路径的优势,优势互补,在"圆融"文化的创生过程中,学校管理团队的管理、思考、决策能力得到了现实的锻炼与提升。

"圆融"文化的完善过程中是以项目的形式进行引领的。两层式的项目找寻作为实践路径,可操作且目标明确。第一层的对接是"圆融"文化的 7S 要素与学校文化的结构分层间的对接;第二层的对接是依据每个结构分层中的显性要素的特点找寻对应的实施项目。便捷的可操作的方式,使得项目的找寻立于全局考虑的视角,为"圆融"文化的建设提供全方位的勾画;同时这样的项目找寻方式,使得各个项目的特点突出,主要针对学校文化的一个层面的建设落实,项目间的互补又能促进"圆融"文化的全面发展与落实。最终完成学校特色文化促进学校、师生发展的功效。

(二)促进作用

在"圆融"文化的创生阶段,基于实践路径的思考,使得管理团队在"积淀内生"与"植入再造"两个层面学习阅读了大量的文献资料。大量学理性的研究及随之而来的分类思考,使得本研究在学校"圆融"文化的创生阶段利用理论的精华进行融合思考,一定程度上对"圆融"文化的创生起到了促进作用。

在"圆融"文化的完善阶段,利用项目进行实施,每一个项目的实施基点是对学校"圆融"文化及随之派生的学校办学理念"修德允能、圆融通达"的愿景共享,每个项目的实施步骤又是对学校"圆融"文化的完善与促进。当每个项目的阶段实施得到总结与梳理的时候,对学校"圆融"文化的完善起到了极大的促进作用。

(三)优效作用

基于"圆融"文化的实施路径的思考与探索,使得学校文化的创生和完善成为可操作、可显现的。在"圆融"文化渐入学校师生的心中,在"圆融"文化通过项目的实施越来越凸显的时候,大家对"圆融"文化的核心价值观的认同越来越高,而实践路径对"圆融"文化的创生与完善的效果被进一步地凸显。

在此过程中利用课题的引领,基于"圆融"文化的学校办学理念——"修德允能、圆融通达"的生成显得异乎寻常的自然。此后,在"修德允能、圆融通达"办学理念的引领下,我们共同商讨形成了学校的新三年发展规划(2011—2013)(详见附录 1)、学校课程教学整体规划(详见附录 2)。我们欣喜地发现,本课题中的 5 个实践项目均成为了学校三年规划及学校课程教学整体规划中最为核心的项目之一。可以说,是本研究的实施为学校的整体发展提供了一种发展的方向与思考的基点,不仅解决了学校发展中的困境问题,更为今后发展提供了理论性的、针对性的指导。

二、"圆融"文化构建中的实施策略

在"圆融"文化创建及完善的过程之中,基于实施路径的各项操作策略是保证研究成功的关键,主要体现在以下几个方面:

(一)共同价值观认同策略

"共同价值观的认同"在学校"圆融"文化的创生和实施阶段均是一个非常有效的实践策略。

"圆融"文化的创生阶段

学校管理团队自上而下,对学校的办学历史进行了一个回顾与梳理——学校有着近 60 年的办学历史,在实施素质教育、小班化教育以及二期课改的过程中积淀了较为丰富的办学经验和先进的教育理念。学校的篮球、书法、创意设计、合唱、模型等特色教育项目在区域能享有一定的声誉。随着与高校合作办学机遇的到来,学校结合三年规划的制定,提出了"圆桌教育"办学理念,提出"平等与尊重、合作与责任、对话与分享"的圆桌精神,希望抓住契机,形成合力,实现学校的长期战略定位目标:努力把学校建设成"实验性、示范性的品牌学校"。自此,取自于学校办学历史维度的"圆"文化在管理者心中孕育而生。

同时,学校管理团队自下而上,召开了学校老校长座谈会,教职员工调研及少代会等,取自学校现今需求——解决学校目前由于文化冲突所引发的发展困境问题,促使学校转型期的平稳过渡,使学校逐渐由弱变强,完成超越式的发展。基于并校、与高校合作、开放办学等的需求,一种新型的学校"融"文化的形成同样在管理者的心中孕育。

由此,"圆融"文化作为一种核心价值观,是一种融合两校原有学校文化之精髓,倡导在"平等与尊重、合作与责任、对话与分享"的和谐奋进的氛围中汲取外力、整合内力、形成高效作用力的学校特色文化。"圆融"文化根植于学校历史土壤、采集于学校现今养分,是从现实指向未来的一种动态的文化,它有了鲜活的生命力,在全校师生员工的心目中开始扎根发芽,孕育发展。

"圆融"文化的完善阶段

"圆融"文化的完善阶段同样历经了自上而下、自下而上的阶段过程。

一方面,学校管理团队把"圆融"文化及其派生的学校办学理念"修德允能、圆融通达"及学校课程理念"修德允能、五彩圆梦"作为学校一切工作、一切课程规划实施的思考原点,所有的工作思考紧紧围绕着学校"圆融"文化这一核心价值观,有利于学校"圆融"文化凸显的物质文化呈现、制度文化体现、师生行为文化凸显及精神文化展现等被大家所认同,反之会受到学校核心文化的唾弃。

另一方面,学校管理团队不断地汲取来自于老师、学生对学校"圆融"文化完善方面的建议。例如,我们在老师和学生群体当中进行了办学理念的解读,让老师和学生登上"圆融"讲坛解读自己心中的"修德允能、圆融通达",把他们的真知灼见发表在"丽园"校报之上。

对学校"圆融"文化这一核心价值观的认同,通过双渠道的方式渐入大家的心目中,"核心价值观认同"的策略成为实践路径在"圆融"文化构建中的一项有效的实施策略。

(二)项目推进策略

"圆融"文化在完善阶段主要以项目推进的策略予以实施。项目推进策略使得学校"圆融"文化有了实施的切入口与实践层面的抓手。

项目找寻的两层式对接,使得每一个项目分别与学校"圆融"物质文化、学校"圆融"制度文化、学校"圆融"行为文化、学校"圆融"精神文化相匹配。每个项目的特点正凸显着相关"圆融"文化结构分层中的显性要素,正是因为显性要素的特征决定着项目的选择方向,同时显性要素的凸显并激活其余要素间的隐性关联,要素与要素间的显性、隐性关联作用,最终形成合力,为学校"圆融"特色文化的建构与完善提供保障。

　　根据显性要素与相匹配学校文化结构分层来设定项目的作用被充分体现,一为学校"圆融"文化的整体实施架构提供了方向,使本研究的实施方向明确,体现了全局观;二为项目与学校文化的架构提供了互为补充、涵盖全面的实施布局,项目间的互补又能促进"圆融"文化的全面发展与落实。

　　项目的实施最终成为以点带面促进学校"圆融"文化进一步提升与完善的实践研究点,这些项目或项目的衍生内容最终都成为了学校三年规划及课程规划中最丰富的重点实施项目。

(三) 目标导向策略

　　在"圆融"文化分项目的实施过程中,每个项目的实施均根据项目的特点对接相应的"圆融"文化结构生成进行了目标的设定,主要以实施要点的形式出现:

　　"圆融文化墙"项目中的"文化凸显"、"创意优先"、"资源整合"要点;"圆桌管理"项目中的"办学理念厘清"、"强化学科弱化行政"、"协同互动人性管理"要点;"允能团队"项目中的"专业引领"、"协同合作"、"评价激励"要点;"允能教学"项目中的"课程引领"、"减负增效"、"因材施教"要点;"丽园有约"项目中的"核心价值观分享"、"融汇互通"、"体验成功"的要点。

　　这些要点既是项目规划实施的思考建议,同时也是项目实施的最终方向与目标,在要点目标的引领下,使得作为实施路径的项目实施一直紧紧围绕在学校的核心价值观"圆融"文化,用实践的内容不断丰富完善着属于上海师范大学附属卢湾实验小学的"圆融"文化。

(四) 反思跟进策略

　　本书的实施过程中,研究过程被规划为四个阶段,分别为计划阶段、实施阶段、反思阶段与总结阶段。其中,反思阶段作为这个研究的重要关注点一直贯穿在研究实践的过程中。

　　在"圆融"文化的创生阶段,是不断地梳理、界定及听取调研反馈情况,在对"圆融"文化内涵的一次次反复界定的过程中,使得学校管理团队的每一位成员不断厘清着对学校文化的认同及学校办学理念的认同;同时,每一位学校的师生们也是通过一次次的调研、讲坛等

对学校的"圆融"文化从认同、直觉到真心地维护,从而不断地反思改进着自己的行为。

在"圆融"文化的完善阶段,每一个项目的实施均接受着来自各方教育资源的评价及项目实施者自身的判断与评价。由于这些项目先后均被学校的三年规划及课程规划所采纳,因此来自于三年规划的区域督导及上海市的课程教学视导均成为项目阶段性反思的最好促进点,项目在项目负责人的引领下,借助自身的反思、外力督导的促进,在不断地修整跟进中使得项目的实施真正成为完善提升学校"圆融"文化的最好路径。

三、"圆融"文化及其实践路径的本质

关于上海师范大学附属卢湾实验小学的"圆融"文化及其实践路径的研究,绝不仅仅停留在学理研究的层面,这个立足于管理现状的关于实体学校的研究在现实的学校管理中找到了一个可操作验证的切入口。事实上,关于"圆融"文化的研究及文化认同,成为学校新三年规划核心理念的精髓、成为整体规划并实施学校课程教学的思考原点。因此,"圆融"文化及其实践路径的本质体现在以下三个方面:

(一)倡导"修德允能、圆融通达"

"修德允能、圆融通达"是上海师范大学附属卢湾实验小学的办学理念,它来源于对学校核心文化——"圆融"文化的综合体现。

"修德允能、圆融通达"是根植于学校历史土壤、采集学校现今养分,从现今指向未来的一种办学理念。从"修德"到"小班化"到"圆桌精神",在学校办学的历史上关注学生人格健康、关注学生德能兼修、关注学生个体发展是始终被坚持并一脉相传的。从现今考虑,学校与高校合作办学,学校增加办学的开放度,与家长、与社会等教育资源开始了多方面的资源整合,我们已经开启了一项"大教育"合作圈的探索历程。

"修德允能、圆融通达"传承了学校办学历史的特色精华,顺应了学校现今办学的社会需求。我们认为:

"修德"意指修身明德、养性立行,是教书育人的最高境界与终极目标;"允能"是指鼓励表达,倡导沟通,创造条件,发挥潜能,是对个性和人格的尊重,对能力和才华的尊重,对竞

争和创新的尊重;"圆融"之"圆"是顺应自然,是以顺应学生天性来促进学生发展的客观规律的遵循,是对学校核心价值观的坚守与认同,"融"是融汇,对不同文化的共通、共生与整合,是一种气度,是对学校文化的包容与吸纳,是一种方法,是一种对教育资源的融汇与凝聚,圆融是中国和谐文化和当代和谐社会的体现;"通达"是指融通贯通,理解沟通,达意达到,是指学校的各类教育资源的互通互融,是文化、思想上的开放与交融。

"修德允能、圆融通达"是上海师范大学附属卢湾实验小学的办学理念,它代表着上师大卢实小人的人格理想,因此我们所要培养的学生是带着"修德允能、圆融通达"烙印的现代小学生,**"个性阳光、文明尚礼、智慧创新、和谐圆融"**是走出上师大卢实小的每一位学生所期望拥有的品质;"修德允能、圆融通达"同时是每一位上师大卢实小教师的坚守与认同,**"尊重专业、尊重能力、提倡创新、提倡合作"**的圆融型教师在实现我们共同愿景的过程中得到潜能开发、专业提升和人生价值体现。

"修德允能、圆融通达"是上海师范大学附属卢湾实验小学的办学理念,它代表着上师大卢实小人对文化境界的追求,倡导以"德"修身为核心,以"能"创新为重心,在"平等与尊重、合作与责任、对话与分享"的和谐奋进的氛围中汲取外力、整合内力、形成高效作用力,促进学校的发展,同时营造属于我们上师大卢实小的学校特色文化。

"修德允能,圆融通达"是上海师范大学附属卢湾实验小学的办学理念,它体现着我们的办学思想,同时为我们的办学提供方法论指导。在"修德允能、圆融通达"理念的指导下,探索在学校管理、课程教学、德育工作、教师发展等方面一系列特色性的做法,促进办学、促进学校发展。

（二）融汇各方资源

"圆融"文化倡导通过融汇各方教育资源,提高办学开放度,加大学校与高校、社区、外地区的联动合作,并从形式走向内涵,通过整体规划与内涵深度合作相结合,营造上师大卢实小"大教育"环境,在体现"修德允能,圆融通达"的理念中,实现学校的发展与品牌打造。

"圆融"文化在实践的层面有着这样的一份寓意——整合各方教育资源,打通各种互动渠道,形成教育合力,激活学校办学的涵义。

作为与高校合作办学的一所小学,学校将一如既往地与"监事会"、上师大进行沟通协

作；作为在家校联动上有一定探索的一所小学，学校将把"圆桌式家校互动模式"进一步规划，推向深层实践；作为身处于世博创新园区、卢湾创新园区的一所小学，学校将与社区、园区进一步合作，开拓教育整合资源。

整合的过程是一个从形式走向内涵的过程，使各类合作整合成为系列化，使各类整合逐步从区域走向上海、走向全国、走向世界，这成为办学的思考。在这过程中，学校将充分依靠外源性的支持，发挥各方力量，激活学校的办学活力。

（三）追求和谐发展

"圆融"文化同时作为和谐文化的一种代表，追求学校、教师、学生的和谐发展。

"圆融"文化是中国文化追求的目标之一，吸纳外界作用力促使内部结构的变化，同时由于受力时表面所有点都受到均衡的力量，能够最大限度地吸收外来作用力，最终通过内部的运动很快地将外界力量吸纳进来，泄于无形。有人比喻这种文化就像宇宙中的黑洞，只要周围存在异己事物均会被吸纳，融为自我的一部分。

从皮亚杰的发生认知论角度而言，这种文化本身就具备了智能，是一种智能文化，这种智能文化的表现就是能够自我修复、自我完善，是一种成熟的文化。

上海师范大学附属卢湾实验小学集两所学校的精神文化——"和谐、大气、低调"与"严谨、细致、奋进"之融合及学校历史维度的传承，形成新的具有上师大卢实小特色的"圆融"文化。

在文化的引领下，我们在"和谐奋进"的氛围中积极思考、勇于探索，通过项目的实施、规划的落实，在融合中形成促进学校发展的动力，学校得到飞速发展，置身其中的教师和学生得到了共同的和谐成长。

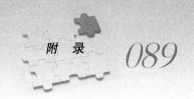

附　录

附录1:

上海师范大学附属卢湾实验小学三年发展规划

（2011 年 1 月—2013 年 12 月）

第一部分　学校发展基础

一、学校沿革与现状

上海师范大学附属卢湾实验小学位于上海市卢湾区（现黄浦区）南部地区,与世博园区相邻,属上海市卢湾区南滨江发展区。学校始建于 50 年代初期,为私立修德义务学校;50 年代中期（约 1956 年）改名为丽园路第一小学;2007 年 9 月与上海师范大学合作办学,更名为上海师范大学附属卢湾实验小学;2009 年 9 月与丽园路第三小学合并,仍称为上海师范大学附属卢湾实验小学。

学校新校舍于 2006 年 12 月 8 日正式奠基动工,于 2009 年 1 月正式启用,占地面积 14546.1 平方米,建筑面积 20044.9 平方米,拥有 600 多平方米的室内篮球馆、600 多平方米的图书馆、1000 多平方米的下沉式广场、近 3150 平方米的运动场地。学校硬件设施先进,现有教学临床实验室、心理活动室、计算机房等现代化专用教室 20 多间。教学临床实验室拥有智能化视频数据采集录播系统并配有三个临床教学研讨工作坊,可与上海师范大学教师教育基地进行数字化平台对接,实现远程双向视频交流;心理活动室配备有高科技多媒

体中央控制仪器、注意力训练仪生物反馈、心理测试仪等设施;学校主机房、校园网络等基本配置完成,学校计算机生机比达 7:1,师机比达到 1:1。班级均配置 52 寸创唯液晶电视机和戴尔电脑以及中控装置,教学利用率达 90% 以上。

学校现有教职工 113 人,在岗教师 89 人,学历分布为:硕士 5 名(5.9%),在读 1 名(1.2%);本科 62 名(72.9%),在读 6 名(7.1%);专科 17 名(20%)。职称分布为:中学高级教师 7 名(8.2%),小学高级教师 49 名(57.6%)。年龄分布为:35 周岁以下的教师占30.3%,36—45 周岁的教师占 51.7%,46 周岁以上的教师占 18%。优秀骨干教师分布为:特级教师 1 名、区级骨干教师 6 名、校级骨干教师 5 名(其中:语文 4 名、数学 2 名、英语 2名、体育 1 名、美术 1 名、常识 2 名)。学校现有 36 个教学班,学生 888 人。

学校有着近 60 年的办学历史,从开创时期的"修德"义务学校,到实施素质教育在全市首批探索实验小班化教育,再到与高校合作办学过程中提出"平等与尊重、合作与责任、对话与分享"的圆桌办学理念。学校的办学者与老师始终在关注学生个体、尊重学生发展、探寻资源共融的过程中一步步实践与探索,积淀了较为丰富的办学经验。学校的篮球、书法、创意设计、合唱、模型等个性特色课程在区域内享有一定的声誉。学校曾获得上海市行为规范示范校、上海市中小学心理健康教育实验基地、上海市新课程教育实践基地、区文明单位、区绿色学校、区体育特色学校。

二、发展优势及面临问题分析

选用 SWOT 分析方法,对上海师范大学附属卢湾实验小学的现状进行全息分析如下:

表附 1-1　学校 SWOT 分析表

因素	S(优势)	W(劣势)	O(机会)	T(威胁)
地理环境	● 中心城区,交通便利 ● 毗邻世博园区,南黄浦沿江发展区 ● 幼小、中小衔接对口园校有社会声誉较高	● 人口导出,生源减少	● 世博的召开,教育国际化的渗入 ● 区教育链的构建与发展	● 毕业生中部分优质生源的跨区流失

续表

因素	S(优势)	W(劣势)	O(机会)	T(威胁)
硬件设备	● 2008新校舍落成,校舍使用面积居内环之内高水准,硬件设备较好 ● 拥有市第一套教学临床实验室设备	● 专用教室配备尚未完全完成 ● 现代信息技术促进教育教学发展效度方面有待于进一步提高	● 数字化校园的区级推进已进入试点实施阶段	● 硬件配置与新一轮学校发展要求的整合与利用
教师资源	● 校级层面领导的专业能力较强,课程领导力较强 ● 教师队伍专业要求加强,有较为强烈的理论学习与实践提高的欲望与要求 ● 拥有特级教师、区学科带头人及区骨干教师团队 ● 学校首席教师合同制	● 教师骨干梯队结构尚不够理想 ● 部分学科缺少学科领衔教师 ● 两校合并后,学校文化的差异所引起的部分教师文化认同的迷茫	● 中青年教师中有部分教师专业发展潜力较大 ● 学校扩班的现状,有引进优质师资的可能	● 人事制度及绩效工资的岗位设置有可能影响师资的调整与引进
行政人员	● 校级领导班子年轻、务实有思想 ● 高校课程专家介入学校校级领导班子	● 部门及人员设置配备尚未达到最优化	● 行政部门负责岗位竞聘制	● 传统人事任免的习惯影响
学生状况	● 学校与高校合作之后,生源状况较大改观 ● 学习兴趣广泛、思维能力较高的生源数量逐年递增	● 低年级与高年级生源家庭情况的差异较大	● 差异性所引发的学生个性化发展的课程观的确立与实施	● 多元教育价值观的取向不同 ● 素质教育与应试教育的矛盾冲突
家长配合	● 近年来,家长对学校工作的关注度逐年提高 ● 家委会从家长学校、课程开发、调研反馈方面直接介入学校的管理工作	● 对学生成绩的期望值过高	● 家校沟通平台的逐步完善与加强 ● 各级家委会参与学校管理的意识加强	● 对素质教育的不理解 ● 受社会从众心理的影响,在家庭教育中加重学生学业负担
社区参与	● 学校与社区、居委的联通加大,互动频繁 ● 学校教育资源的社区开发与整合力度加大	● 学校与社区资源整合,进一步提高教育效能方面需提高 ● 社区参与学校规划、发展的力度方面有待于进一步提高	● 社区文化中心的建设不断提高,为学校整合社区资源提供可能性	● 社区的社会教育责任
高校资源	● 上师大小学教育研究所成为学校管理咨询常态机构 ● 监事会制度促进学校管理的协同有效发展	● 高校介入学校发展过程中需学校短期达成超常规发展,与学校发展现状(原区域定位与刚经历两校合并)间的差异	● 高校与学校共通的过程中,各机构不断圆融通达的互动前景	● 高校介入学校教育管理的融合度问题

综上所述,学校发展面临问题及挑战概括如下:

1. 教师队伍及科学提升质量的问题

目前学校教师的学历、职称等均已达标,整体师资队伍发展趋势良好、师资队伍稳定,但从学校定位及未来发展思考,在教师队伍结构上,现有教师队伍尤其是教师骨干梯队结构尚不够理想;在学科发展上,部分学科缺少领衔教师,缺少在学科领域具备一定科学研究能力的教师;在教学观念上,现有教师的教学现状与课改目标方面尚有一定的差距,教学质量的持续大幅提升成为学校面临解决的迫切问题。同时,学校缺乏分层的教师专业培养机制和管理手段,教师的专业发展层次性有待明确。

2. 规模变化及融合教育资源的问题

学校规模在持续变化之中——两校合并带来了办学规模的首次扩充,目前尚处于磨合期,由于两校原有基础不同、学校文化存在差异,使学校成员共同营造并认同新的学校文化的过程值得探索与实践。其次,今后三年中,办学规模将持续扩大,最后的办学规模维持在40个教学班左右,随着署区外籍人士子女的增多,应社会各方的要求,学校有增加外籍班的可能,这给融合中外教育资源、整合各方教育资源问题提出了挑战性探索的可能。

学校与各方教育资源,包括家长、社区、高校等的合作有一定的探索,但缺乏整体规划及内涵深度合作,这为学校今后发展中如何融合各方资源、形成教育合力,共同营造大教育环境,促进学校办学、提升学校品牌、扩大办学效应方面提出了要求。

第二部分 办学理念、战略定位及发展目标

一、办学理念:修德允能、圆融通达

"修德允能、圆融通达"是根植于学校历史土壤、采集学校现今养分,从现今指向未来的一种办学理念。从"修德"到"小班化"到"圆桌精神",在学校办学的历史上关注学生人格健康、关注学生德能兼修、关注学生个体发展是始终所坚持并一脉相传的。从现今考虑,学校与高校合作办学,学校增加办学的开放度,与家长、与社会等教育资源开始了多方面的资源整合,我们已经开启了一项"大教育"合作圈的探索历程。

"修德允能、圆融通达"传承了学校办学历史的特色精华,顺应了学校现今办学的社会

需求。我们认为："修德"意指修身明德、养性立行，是教书育人的最高境界与终极目标；"允能"是指鼓励表达，倡导沟通，创造条件，发挥潜能，是对个性和人格的尊重，对能力和才华的尊重，对竞争和创新的尊重；"圆融"之"圆"是顺应自然，是以顺应学生天性来促进学生发展的客观规律的遵循，是对学校核心价值观的坚守与认同。"融"是融汇，对不同文化的共通、共生与整合，是一种气度，是对学校文化的包容与吸纳，是一种方法，是一种对教育资源的融汇与凝聚，圆融是中国和谐文化和当代和谐社会的体现；"通达"是指融通贯通，理解沟通，达意达到，是指学校的各类教育资源的互通互融，是文化、思想上的开放与交融。

　　"修德允能、圆融通达"是上海师范大学附属卢湾实验小学的办学理念，它代表着上师大卢实小人的人格理想，因此我们所要培养的学生是带着"修德允能、圆融通达"烙印的现代小学生，"**个性阳光、文明尚礼、智慧创新、和谐圆融**"是走出上师大卢实小的每一位学生所期望拥有的品质；"修德允能、圆融通达"同时是每一位上师大卢实小老师的坚守与认同，"**尊重专业、尊重能力、提倡创新、提倡合作**"的圆融型教师在实现我们共同愿景的过程中得到潜能开发、专业提升和人生价值体现。

　　"修德允能、圆融通达"是上海师范大学附属卢湾实验小学的办学理念，代表着上师大卢实小人对文化境界的追求，倡导以"德"修身为核心，以"能"创新为重心，在"平等与尊重、合作与责任、对话与分享"的和谐奋进的氛围中汲取外力、整合内力、形成高效作用力，促进学校的发展，同时营造属于我们上师大卢实小的学校特色文化。

　　"修德允能、圆融通达"是上海师范大学附属卢湾实验小学的办学理念，它体现着我们的办学思想，同时为我们的办学提供方法论指导。在"修德允能、圆融通达"理念的指导下，探索在学校管理、课程教学、德育工作、教师发展等方面一系列特色性的做法，促进办学、促进学校发展。

二、战略定位与发展目标

（一）战略定位

　　以"修德允能、圆融通达"核心理念为引领，以管理机制创新、教育开发合作为先导，以教师分层提升、科学提升质量为重心，以实现"五彩童梦"为中心，在探索中实现梯度发展，使学校成为区域内的优质学校，进一步成为市内有一定知名度的实验性学校。

（二）发展目标

1. 主体性发展目标

学生发展目标：培养**个性阳光、文明尚礼、智慧创新、和谐圆融**的现代小学生。通过优化并整合多方教育资源、开发多渠道教育平台营造"圆融通达"的育人环境，创设"修德允能"的教育文化氛围，使上师大卢实小学生的个性得以体现、潜能得以发挥，成长为身心健康阳光、知礼善合作、智慧能创新的现代小学生。

教师发展目标：倡导**"尊重专业、尊重能力、提倡创新、提倡合作"**。培养德能兼备的现代圆融型教师。通过优化并整合多方教育资源、开发多渠道教育平台营造"圆融通达"的育人环境，创设"修德允能"的教育文化氛围，使上海师大卢湾实小的教师们从对个性、能力、才华、竞争、创新的尊重开始，从对专业、能力提升的追求开始，以一种包容与吸纳的态度，在合作分享、梯度发展的过程中实现圆融教师团队及圆融型教师专业个体的发展。

2. 内涵性发展目标

清晰界定"修德允能、圆融通达"的办学理念，并以此理念为方法论指导，探索在学校管理、教育合作、课程教学、德育工作、教师专业发展等方面的一系列特色做法。

课题引领圆融管理架构，创新实施内部机制改革——以课题为引领，探索文化管理与科学管理相结合的圆融管理模式。通过融汇各方教育资源，以规划项目的形式落实，通过内部机制的创新运作，提升管理层的分析决策能力、项目部门的执行沟通能力，从而提升管理效能，体现"修德允能、圆融通达"办学理念。

圆融通达凝聚各方资源，畅通渠道提升教育品牌——通过融汇各方教育资源，提高办学开放度，加大学校与高校、社区、外地区的联动合作，并从形式走向内涵，通过整体规划与内涵深度合作相结合，营造上海师大卢湾实小"大教育"环境，在体现"修德允能、圆融通达"的理念中，实现学校的发展与品牌打造。

有效促进教师专业发展，显著提升教师队伍水平——以"修德允能、圆融通达"理念为先导，把"修德"与"允能"相结合，在教师"修德"的过程中提炼属于教师个体的教学主张，改变教师培养模式，与教师协商共同打造个性化培养方案，促进教师群体与个体的快速发展。营造和谐奋进的研讨氛围，通过圆融团队的打造，逐步形成并凸显学校特色的"圆融"教师行为文化。

　　重点开展临床教学研究,科学提升教育教学质量——以"允能教学"为探索,充分运用临床教学实验室等平台,通过临床教学观察、平台即时交互、引入专家资源等多种方式,科学开展教师课堂教学能力诊断评估及跟进指导。以"目标下导学稿"的编制为研究点,从教材体系梳理、课程目标细化、训练系统编制方面进行层层推进,通过探索切实提高教学质量,达到减负增效的效能。

　　统筹资源拓宽德育载体,沟通交流,提升育德能力——充分开发并统整各方教育资源,在分析各年段学生心理特点的基础上,以"修德允能、圆融通达"理念为先导,科学设置学校德育课程;在系列主题活动"丽园有约"中倡导对个性的尊重,在倾听、融汇的过程中圆孩子的五彩童梦,提升学校的育德能力,培养个性阳光、文明尚礼、智慧创新、和谐圆融的少年。

　　五彩童梦拓展学生个性,减负增效,夯实课堂教学——以"修德允能、圆融通达"的学校核心理念为引领,整合教育教学资源,构建并完善学校"五彩童梦"课程,从基础型、拓展型、研究型课程三个方面进行推进,为学生个性体现、潜能发挥提供各类课程资源。根据学生的需求提供"圆桌导学"、"创智导学"活动,尊重差异,为学生提供个性化指导,提高学生学习能力。

第三部分　发展思路

一、以内涵发展为主线,凝炼学校办学特色

　　以"修德允能、圆融通达"理念为先导,在清晰界定理念的基础上,确立学校三年规划的重点推进项目,并诠释相互之间的逻辑关系:

　　以学校管理、资源整合为先导,通过机制创新构建"圆融管理"模式、合作办学实现"圆融开放",为学校整体推进奠定基础。

　　以教师发展、课堂教学为重心,通过教师的"修德允能"分层提升,实现"允能教学"的探索实践,促进学生的分层提高。两者之间相辅相成,通过教师队伍的提高促进课堂教学的质量,同时通过课堂教学的临床实验探索,促进教师的发展。

　　以德育工作、课程建设为两翼,以实现学生的"五彩童梦"为中心,在"丽园有约"系列主

题活动、"五彩童梦"课程实施中,促进学生的全面发展,培养个性阳光、文明尚礼、智慧创新、和谐圆融的现代小学生。

在清晰诠释、理清发展主线的基础上,通过六个重点项目的实践探索,进行内涵发展,逐步凝练学校办学特色,凸显"修德允能、圆融通达"理念。

二、以教师发展为核心,科学提升教学质量

从"修德允能、圆融通达"的理念出发,把教师发展及提升质量作为学校工作的重心。

通过引入征询制度、协商制度等,开拓教师培养模式,充分尊重教师个体差异,依据教师发展方向为其量身制定符合每位教师发展需求的培训内容。把"修德"与"允能"相结合,在教师"修德"的过程中提炼属于教师个体的教学主张,结合教师的教学风采展示,鼓励优秀教师脱颖而出,成为学校的首席教师并起到学科辐射作用。开展"修德允能"系列校本培训,加强教师科学素养和人文素养,在教研组内实行"学情诊断坊"的教研活动,进行"允能"和"圆融"文化的培植,在圆融团队的建设过程中,促进教师个体的发展。

通过整合专家资源、利用临床实验室等平台在对学生学情诊断的基础上,结合各学科的特点,充分利用教学临床实验室科学开展课堂教学研究。同时通过"目标导向下导学稿"的编制,落实对学科体系的把握、课程目标细化工作,并逐步形成学校的校本训练系统。

以教师发展促进教学质量提升,以教学研讨、课堂教学的实效性促成一批教师的专业成长。两者间的相辅相成关系,构成了学校今后三年规划中的重点工作。

三、以教育合作为导向,激活学校办学活力

"圆融通达"诠释着多层涵义,包括整合各方教育资源,打通各种互动渠道,形成教育合力,激活学校办学的涵义。

作为与高校合作办学的一所小学,我们将一如既往地与"监事会"、上师大进行沟通协作;作为在家校联动上有一定探索的一所小学,我们将把"圆桌式家校互动模式"进一步规划,推向深层实践;作为身处于世博创新园区、卢湾创新园区的一所小学,我们将与社区、园区进一步合作,开拓教育整合资源。

　　整合的过程是一个从形式走向内涵的过程,使各类合作整合系列化,逐步从区域走向上海、走向全国、走向世界,同时成为我们办学的思考。在过程中,我们将充分依靠外源性的支持,发挥各方力量,激活学校的办学活力。

第四部分　发展项目

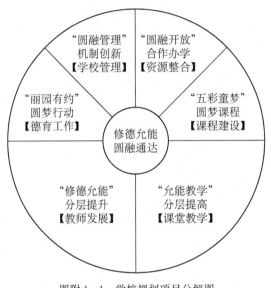

图附 1-1　学校规划项目分解图

项目一:学校管理——**"圆融管理"、机制创新**

1. 责任部门:校长办公室(课程教学部、德育活动部、教育服务部协同)

2. 项目负责人:匡文雯、王欣

3. 指导思想:以继承创新、加强沟通为原则,运用 SWOT 分析、协同互动和岗位问责机制等,整体架构学校管理框架;以课题为引领,探索文化管理与科学管理相结合的管理形式,通过整合各方资源,进行项目实验性的运作,逐步形成学校"修德允能、圆融通达"的核心文化。在过程中,提升管理层的分析决策能力、项目部门的执行沟通能力,从而提升管理效能和学校社会形象。

4. 项目目标:课题引领圆融管理架构,创新实施内部机制改革

(1) 运用 SWOT 分析理论,对学校情况进行年度分析,形成分析报告;运用互动调研机制,对学校规划、重大决策等广泛征询教师、学生、家长和社会的意见及建议,根据分析报告及征询意见对规划做出年度调整,形成三年发展规划的修正稿和《我为学校发展献计策——"丽园金点子"汇编》。在规划落实的过程中,师生、家长、社区公民共同体验、认同校"修德允能、圆融通达"的文化,学校文化共识度达到 95％以上(依据各方调研数据得出)。

(2) 申报并实施学校龙头课题《"修德允能、圆融通达"学校文化建构的实践模型研究》,课题立项为区重点课题,研究引领学校规划的落实,形成公开发表的研究成果。

(3) 以课程教学部和德育活动部的运作为试点,进行管理机制的实验性探索。实行管理部门内协同互动制和召集人负责制;管理部门间的协调例会制、责任问责制和年度汇报反思机制,并逐渐辐射到校长办公室和教育服务部的初步运作。通过管理的清晰架构、管理功能的逐步凸显,提高管理效能。打造一支有创新意识、善协调互动、重实践务实的管理队伍。

(4) 开通倾听互动渠道,加强工会、教代会民主参与学校管理工作,实施学校重点工作听证调研会制度,鼓励教师为学校发展献计策,形成《我为学校发展献计策——"丽园金点子"汇编》。

5. 年度目标、措施及达成标志:

表附 1-2　"项目一"第一年度(2011 年 1 月—2011 年 12 月)

年度目标:形成《"修德允能、圆融通达"学校文化建构的实践模型研究》课题研究方案,课题申报并立项为区重点课题;明确学校组织架构和部门岗位职责,制定组织机构的运作机制,重点打造"课程教学部"和"德育活动部"。

工作措施	达成标志	负责人
1. 运用 SWOT 分析理论,征询各方建议,对学校背景和现有形势进行综合分析,制定学校三年发展规划(2011—2013)。	学校新三年发展规划(2011—2013) 年度 SWOT 分析报告(2011) 学校 2011 学年度两个学期工作计划、教代会、家委会、监事会对三年发展规划的提案或讨论记录	王 欣 匡文雯
2. 运用课题引领,规划《"修德允能、圆融通达"学校文化建构的实践模型研究》课题研究,并申报区级课题。	课题申请书 课题立项书及开题报告	科 研 中心组

续表

工作措施	达成标志	负责人
3. 进行管理组织机构的重构与优化,部门岗位教师实行聘任制,明确岗位职责。以"课程教学部"和"德育活动部"为试点,构建学校组织机构的运作机制——部门内协同互动制和召集人负责制、部门间协调例会制和岗位问责制。设置部门工作反思机制,学年末,各部门向全校进行工作汇报并进行工作征询。	部门岗位老师应聘的新闻图像、会议记录、教师竞聘稿 部门岗位工作细则 试点部门协同互动例会记录 部门协调例会"一页纸"记录 部门年度汇报报告	夏 明 闻 芸 王晴红 王 欣
4. 加强工会、教代会民主参与学校管理工作,开通倾听互动渠道,鼓励教师为学校建设出谋划策。	《我为学校发展献计策——"丽园金点子"汇编》	匡文雯

表附 1-3 "项目一"第二年度(2012 年 1 月—2012 年 12 月)

年度目标:课题《"修德允能、圆融通达"学校文化建构的实践模型研究》中期汇报;实行部门汇报反思机制,进行部门年度工作汇报并广泛听取建议;确立学校重点工作听证调研会制度并落实。

工作措施	达成标志	负责人
1. 进行学校 SWOT 年度分析,广泛征集各方建议,修订三年发展规划。	学校新三年发展规划(修订稿) 年度 SWOT 分析报告(2012)、各类征询调查表、在职教师、专家等座谈会、教代会关于规划修订的活动纪要 2012 学年度两个学期工作计划	王 欣 匡文雯
2. 课题《"修德允能、圆融通达"学校文化建构的实践模型研究》的中期汇报。	课题中期进展报告 在市级刊物上以组文形式发表至少 5 篇以上的初期成果	科 研 中心组
3. 继续加强"课程教学部"和"德育活动部"的有效运作,把组织机构的运作机制向"教育服务部"及"校长办公室"辐射,逐渐形成长效机制。	四个部门协同互动例会记录 部门协调例会"一页纸"记录 四个部门年度小结反思报告、工作建议汇总	闻 芸 王晴红 夏 明 王 欣
4. 继续加强工会、教代会民主参与学校管理工作,开通倾听互动渠道,尝试开展学校重点工作听证调研会制度。	《上师大卢实小重点工作听证调研制度》文本 学校重点工作听证调研会会议记录	匡文雯

表附 1－4 "项目一"第三年度(2013 年 1 月—2013 年 12 月)

年度目标：课题《"修德允能、圆融通达"学校文化建构的实践模型研究》终期汇报及出版专辑；总结部门运作管理经验的基础上形成一轮管理岗位竞聘方案；学校文化认同共识度达 95％以上。

工作措施	达成标志	负责人
1. 再次进行学校 SWOT 年度分析，广泛征集各方建议，微调学校三年发展规划，并为学校新三年规划的制定做前期准备。	三年发展规划实施成果汇总 年度 SWOT 分析报告(2013) 2013 学年度两个学期工作计划	王　欣 匡文雯
2. 总结课题《"修德允能、圆融通达"学校文化建构的实践模型研究》的研究成果；在教师、家长、社区范围内进行学校文化认同度调查，实现 95％以上的文化共识度。	课题结题报告 出版与课题相关的专辑 学校文化认同共识度达 95％以上的调查数据统计分析	科　研 中心组
3. 总结管理部门协调例会制、协同互动和岗位问责、汇报反思机制运作的经验，对新一轮管理岗位竞聘作出可行性方案。	部门运作相关资料(3 年部门协调例会"一页纸"记录、四个部门协同互动例会记录、年度小结反思报告和民众建议汇总) 新一轮管理岗位竞聘方案	闻　芸 王晴红 夏　明 匡文雯
4. 总结工会、教代会民主管理工作成效，为新一轮规划的制定提供可行性方案。	新规划民主管理推进可行性方案	匡文雯

项目二：资源整合——"圆融开放"、合作办学

1. 责任部门：校长办公室(德育活动部、课程教学部、教育活动部协同)

2. 项目负责人：蒋晓政

3. 指导思想：扩大办学效应、整合教育资源、促进学校全面发展为宗旨，在继续推进"3＋3"家校互动合作机制的基础上，加大学校与高校、社区、外地区的联动合作，形成促进学校发展、提升学校品牌的"大教育"资源，在相互合作运行的过程中，体现学校"修德允能、圆融通达"的办学理念，提升学校特色文化。

4. 项目目标：圆融通达凝聚各方资源，畅通渠道提升教育品牌

(1) 整合校内外教育教学资源，建立调研征询机制，通过座谈会、问卷调查等方式倾听家长、社区对学校工作的意见与建议；对家长、社区、高校乃至跨地区优质教育资源进行调研与学习借鉴，形成促进学校发展的阶段可行性建议。

(2) 增加办学开放度，有计划、有系列地举办"家长学校"、"家长开放日"等活动；校家委会协同校报编辑组运作，定期出版《丽园》校报以促进学校发展、提升学校办学品牌。

（3）以课题为引领，对学校调动发挥"家委会"、"社区委员会"等学校教育协同组织的策略、方法等作探索，在加强家校互动、学校社区互动等工作的过程中，总结经验，形成课题研究报告，为全面提升办学质量，争创素质教育实验校提供资源与制度保障。

5. 年度目标、措施及达成标志：

表附1-5 "项目二"第一年度（2011年1月—2011年12月）

年度目标：整合校内外教育教学资源，初步建立调研征询机制；增加办学开放度，有计划地开展各项教育教学开放活动（"家长开放日"、《丽园》校报等）；确立课题，对学校调动发挥"家委会"、"社区委员会"等学校教育协同组织的策略、方法等作探索。

工作措施	达成目标	负责人
1. 初步建立以"家长、社区、高校"为对象的学校教育调研征询机制。定期向各方介绍学校办学情况，广泛征求促进学校发展的意见与建议。	问卷征询表、校报和班级网页、学校可用社会教育资源信息、学校发展调研建议 上海市家庭教育指导"十二五"实验基地申报	校长办公室 蒋晓政
2. 校家委会三个分项小组制定计划，协同学校有计划、有系列地举办"家长学校"、"家长开放日"活动。定期出版《丽园》校报。	小组计划、家长学校讲稿、家长开放日流程安排和各方的反馈建议、校报	蒋晓政 （校家委会主任、分项组组长）
3. 初步建立"家庭、学校、社区"为一体的网络信息交流平台。	班级网页、网上交流情况反馈	蒋晓政 德育活动部 教育服务部 班主任
4. 引进家长、社区资源参与学校特色课程创建。初步确立课题，融汇各方教育资源，凸显教育资源的作用，在过程中体现学校"修德允能、圆融通达"的办学理念。	参与学校特色课程的计划和备课、课题申报表	蒋晓政 校家委会成员

表附1-6 "项目二"第二年度（2012年1月—2012年12月）

年度目标：整合校内外教育教学资源，完善调研征询机制；充分利用临床教学实验室实现与姐妹学校在教育教学工作中的互通互融；增加办学开放度，在区域内获得一定知名度；在课题引领下，引进家长、社区中优秀人才开设学校特色课程并参与学校教学和学校管理；扩大展示窗口，提升学校办学品牌。

工作措施	达成目标	负责人
1. 扩大调研、征询面，实现以"家长、社区、高校乃至跨地区优质学校"为主的调研与征询，呈现《学校发展调研建议》。充分利用临床教学实验室实现与姐妹学校在教育教学工作中的互通互融。	问卷征询表、校报和班级网页、学校可用社会教育资源信息、学校发展调研建议、教育教学交流相关照片、新闻稿和教案汇总、开展上海市家庭教育指导"十二五"实验基地活动过程实录	校长办公室 课程教学部 蒋晓政

续表

2. 校家委会三个分项小组制定计划,协同学校有计划、有系列地举办"家长学校"、"家长开放日"活动,并逐步向外界展示。定期出版《丽园》校报,在区域内有一定宣传力度。	小组计划、家长学校讲稿、家长开放日流程安排和各方的反馈建议、校报	蒋晓政(校家委会主任、分项组组长)
3. 完善"家庭、学校、社会"为一体的网络信息交流平台。逐步开设"家长之声"、"家庭教育帮助呼叫中心"等项目活动。	班级网页、网上交流情况反馈、项目活动计划、活动过程记录和案例	蒋晓政德育活动部教育活动部班主任
4. 在课题引领下,校家委会成员实行每周一日办公制。引进家长、社区中优秀人才,通过自荐、选拔获取开设特色课程资格并担任教学工作。课题进入中期汇报阶段。	开设参与学校特色课程资料(自荐材料、课程资料和教学设计)、家长一日办公制度文本和办公日志、课题中期报告	蒋晓政校家委会成员

表附 1-7　"项目二"第三年度(2013 年 1 月—2013 年 12 月)

年度目标:校内外互动制度化、长效化;实行三级家委会常规性实施方案和检测与评价方案,完善调研体系;整合各方资源后开展的各项活动与课程展示能见成效;课题进入结题阶段,完成结题报告,申报区教育科研成果奖。

工作措施	达成目标	负责人
1. 扩大调研与征询的广度与深度,形成调研与征询的长效机制,呈现《学校发展调研征询建议》。多渠道、多形式地实现市区、跨地区校际联动。	问卷征询表、校报和班级网页、各方可整合的资源信息、学校发展调研建议、教育教学交流相关照片、新闻稿和教案汇总、上海市家庭教育指导"十二五"实验基地活动总结	校长办公室课程教学部蒋晓政
2. 校家委会三个分项小组制定计划,有计划、有系列地举办"家长学校"、"家长开放日"活动,并逐步向外界展示。定期出版《丽园》校报,在区域内有一定宣传力度,并能通过各种渠道扩大宣传面。	小组计划、家长学校讲稿、家长开放日流程安排和各方的反馈建议、校报	蒋晓政(校家委会主任、分项组组长)
3. 完善"家庭、学校、社会"为一体的网络信息交流平台。逐步开设"家长之声"、"家庭教育帮助呼叫中心"、"家庭教育沙龙"等项目活动。	班级网页、网上交流情况反馈、项目活动计划、活动过程记录和案例	蒋晓政德育活动部教育活动部班主任
4. 在课题引领下,校家委会成员实行每周一日办公制,并实施三级家委会常规性实施方案和检测与评价方案。继续引进家长、社区中优秀人才,开设特色课程,为搭建学生展示与竞赛平台,能在市区乃至全国获奖。课题结题。	开设参与学校特色课程资料(自荐材料、课程资料和教学设计)、三级家委会常规性实施方案和检测与评价方案、家长一日办公制度文本和办公日志、展示与竞赛结果、课题结题	蒋晓政校家委会成员

项目三:教师发展——"修德允能"、分层提升

1. 责任部门:校长办公室(课程教学部、德育活动部协同)

2. 项目负责人:夏明

3. 指导思想:以加强人力资源开发为宗旨,营造和谐奋进的研讨氛围,通过团队的发展,逐步形成并凸显学校特色的"圆融"教师行为文化。整合资源、创设双向互动的研讨带教模式,鼓励优秀骨干教师脱颖而出,起到引领辐射作用。

4. 项目目标:有效促进教师专业发展,显著提升教师队伍水平

(1)组建"学校人力资源开发中心",在师资队伍现状分析的基础上,完善各类促进教师专业发展的制度、引入双向协调型的带教模式。建立一支年龄结构、职称分布、学历分布、学科分布合理的师资队伍。市、区、校骨干数量为区前列水平,教师社会满意度达95%以上。

(2)通过教师问卷征询,了解教师个人发展需求,为30岁以下教师提供"一对一"导师带教;30岁以上教师根据学校发展及教师需求,协商确立教师个性化发展规划。

(3)加强项目团队建设,凸显"允能"教师行为文化。成立学校"新闻中心"、"科研中心"、"创意中心"等团队,运用双向互动形式进行团队建设评价细则的讨论与制定,加深对学校核心文化的认同。设置丽园"允能团队"文化奖并探讨评价标准,进行两届"允能团队"文化奖的评选和表彰,开展团队自评展示推介会和丽园"允能团队"风采展示。以团队发展逐渐带动团队中教师个体的发展,初步探索并形成个体绩效评价标准的讨论稿。

(4)建立首席教师制,吸引区外优秀教师与学校自培教师相结合。鼓励优秀教师脱颖而出并起到学科领衔辐射作用。市级以上公开教学及得奖15人次以上;区级层面公开教学及得奖50人次以上。

5. 年度目标、措施及达成标志:

表附 1-8　"项目三"第一年度(2011 年 1 月—2011 年 12 月)

年度目标:教师队伍结构趋向合理,35 周岁以下教师预期占比 35%;在岗教师本科及以上学历约达 65%;中学高级教师占比 6%左右。确立项目团队的评价机制和标准,形成"允能团队"文化奖的评价标准。

工作措施	达成标志	负责人
1. 以校长为第一责任人,组建"学校人力资源开发中心",分析学校师资队伍现状,制定校本培训方案。	学校"人力资源开发中心"组建材料 学校师资队伍现状分析报告 校本培训方案(分项目申报审核表、校本培训过程性资料等)	夏 明 匡文雯

续表

2. 通过教师问卷征询,了解教师个人发展需求,为30岁以下教师提供"一对一"导师带教;30岁以上教师根据学校发展及教师需求,协商确立教师个性化发展规划。	问卷调查表、教师个性化发展计划、30岁以下"一对一"导师带教等(各学科确定1—2名教师作为学校重点培训对象;学校确定2—3名教师作为区骨干重点培训对象)	夏　明
3. 招募组建学校"科研中心"、"新闻中心"、"校园文化创意中心"等项目团队;开设学科"主题式教研沙龙"、年级组"案例式教育沙龙"、"圆融讲坛",探索跨学科、跨学校、跨地区教学研讨活动;确立项目团队评价机制,通过团队自评、互评、专家评价的运作,实现评价导向下的团队建设。结合绩效工资岗位设置的实施,设置丽园"允能团队"文化奖,进行评价标准探讨。	各项目组组建过程资料(包括中心招募书、活动资料和记录) 各学科"主题式教研沙龙"资料 各年组"案例式教育沙龙"、"圆融讲坛"资料 各团队自评、互评、专家评的评价表和评价细则 绩效工资岗位设置相关资料 丽园"允能团队"文化奖的评价标准讨论稿	夏　明 德育部 课程教学部
4. 建立"首席教师制",征询遴选标准。	首席教师评选方案(含具体评选标准)、监事会专家论证会议纪要、决议	夏　明

表附1-9　"项目三"第二年度(2012年1月—2012年12月)

年度目标:教师队伍结构进一步趋向合理,在岗教师学历达到新一轮教师队伍建设要求,在岗教师本科及以上学历约达70%;中学高级教师占比8%左右。第一届丽园"允能团队"文化奖评选与表彰活动。

工作措施	达成标志	负责人
1. 家委会介入教师情况调研,根据调研结果修正校本培训方案。	校本培训方案修改稿 家长满意度90%以上	夏　明 匡文雯
2. 导师带教工作中期总结。	3对以上优秀带教师徒展示	周　珏　姚　敏 李芳菲　闻　芸
3. 学校"科研中心"、"新闻中心"、"校园文化创意中心"等团队以课题或专题的形式提高研究质量。 继续推进学科"主题式教研沙龙"、年组"案例式教育沙龙",深化跨学科、跨学校、跨地区教学研讨活动。 确立"允能团队"文化奖的评价标准,在自评、互评、专家评的基础上,进行第一届丽园"允能团队"文化奖的评选与表彰。	各中心活动资料、学校网站新闻集、学校校园文化项目资料 各学科"主题式教研沙龙"资料 各年组"案例式教育沙龙"、"圆融讲坛"资料 建立1个学校重点学科成为卢湾区一流学科团队;和谐团队获区级先进集体称号 "允能团队"文化奖的评价标准 第一届丽园"允能团队"文化奖评选的活动锦集(照片、活动记录、团队展示发言稿、媒体等)	夏　明 德育部 课程教学部
4. 第一届上海师范大学附属卢湾实验小学首席教师及准首席教师评选;首席教师工作室开始启动。	首席教师评选过程资料 首席教师合同制推行过程资料 首席教师工作室资料	夏　明

表附 1-10 "项目三"第三年度(2013 年 1 月—2013 年 12 月)

年度目标:教师队伍结构合理并占区前列水平,在岗教师学历达到新一轮教师队伍建设要求,在岗教师本科及以上学历约达 75%;中学高级教师占比 10%左右;区学科带头人两名以上。形成一支较稳定的骨干教师队伍,校级、区级、市级骨干教师三级梯度、学科分布梯度合理。(校级 10 名左右,区级 8 名左右,市级两名左右)举行第二届丽园"允能团队"文化奖的活动,其中重点推出"允能团队"自评展示推介会,获奖团队风采展示;以团队发展逐渐带动团队中教师个体的发展,初步探索并形成个体绩效评价标准的讨论稿。

工作措施	达成标志	负责人
1. 家委会、社区介入教师情况调研,根据调研结果再次修正校本培训方案。	校本培训方案再次修改稿 家长满意度 95%以上	夏 明 匡文雯
2. 导师带教工作阶段小结,做双方互动评价。	专场展示	周 珏 姚 敏 李芳菲 闻 芸
3. 学校"科研中心"、"新闻中心"、"校园文化创意中心"等团队以课题或专题的形式提高研究质量。 继续推进学科"主题式教研沙龙"、年组"案例式教育沙龙",深化跨学科、跨学校、跨地区教学研讨活动,总结经验。 深化"允能团队"的自评机制,进行第二届丽园"允能团队"文化奖的评选、表彰和风采展示;初步探讨下阶段关于团队中个体绩效评价标准。	科研中心有两项以上科研成果申报并获得区级以上成果 学校新闻信息水平居区前列水平 校园文化创意项目获区级相关项目立项,获得项目经费支撑 学科组活动、年组活动相关资料、总结资料。建立 2—3 个学校重点学科成为卢湾区一流学科团队;和谐团队获区级以上先进集体称号 第二届丽园"允能团队"文化奖评选的活动资料;"允能团队"自评展示推介会资料;(资料中含有评价表、活动影像资料、团队展示发言稿、媒体等) 个体绩效评价标准的讨论稿	夏 明 德育部 课程教学部
4. 首席教师工作室展示。	工作室展示专场 首席教师进入区学科带头人评审序列	夏 明

项目四:课堂教学——**"允能教学"、分层提高**

1. 责任部门:课程教学部

2. 项目负责人:周珏

3. 指导思想:立足课堂、落实减负增效,通过临床教学实验研究项目的运作,与上师大及兄弟学校互通互动。整合教学资源,充分开发"教学临床实验室"功能,科学开展教师课堂教学能力诊断评估及跟进指导,在校内外全面辐射优质课例的资源效应,提高课堂教学质量,切实减轻学生课业负担,科学提升学生学业水平。

4. 项目目标:重点开展临床教学研究,科学提升教育教学质量

(1)各学科通过梳理学科体系,提升整体教师队伍的课程把握力,形成《上师大卢实小

学科课程执行标准》。

(2) 各学科教研组通过进行"目标导向下的讲学稿"的编制研究,形成"上师大卢实小基础型课程校本训练系统",呈现"目标导向下的导学稿"精编案例集。

(3) 通过使用"教学临床实验室",依托高校及校监事会专家给予的学术支持,对教师的课堂教学行为进行诊断、评估与指导,从而优化教师课堂教学行为,提升教师课堂教学能力。三年内力争 90%以上教师在课堂教学诊断评估中达标(优质课占比为 35%左右)。

(4) 充分开发"教学临床实验室",利用该平台呈现上师大卢实小的优质课例。建立卢湾实小优质教学资源库,体现上师大卢实小实验性的特点,实现校内优质教育教学资源对区、市乃至更大区域内的辐射作用。三年内"教学临床实验室"使用率占研讨课总量的 70%。

5. 年度目标、措施及达成标志:

表附 1-11 "项目四"第一年度(2011 年 1 月—2011 年 12 月)

年度目标:完成上师大卢实小学科课程执行标准(试行稿);汇总各学科教研组"目标导向下的讲学稿"部分样稿;利用"教学临床观察室"进行"学情诊断坊"教学研讨课的数量占总量的 50%。

工作措施	达成标志	负责人
1. 各学科梳理学科体系,细化各年级单元课程目标。	上师大卢实小学科课程执行标准(试行稿)	周珏、姚敏、李芳菲、闻芸
2. 各学科教研组进行"目标导向下的导学稿"编制研究试点。	"目标导向下的导学稿编制的校本培训方案""目标导向下的导学稿编制(个案汇编)"	周珏、王欣、李芳菲、闻芸
3. 监事会、上师大专家组成的教学能力评估专家组,对教师课堂教学进行诊断评估并做出针对指导。利用"临床教学实验室",各教研组开展"学情诊断坊"教学研讨活动。	各学科"学情诊断坊"诊断评估教师个人"临床实验室"的课例视频、研讨视频	课程教学部信息办公室

表附 1-12 "项目四"第二年度(2012 年 1 月—2012 年 12 月)

年度目标:完成上师大卢实小学科课程执行标准(正稿);汇总各学科教研组"目标导向下的讲学稿"资料;利用"教学临床观察室"平台的教学研讨课数量占研究课总量的 60%;重点学科推进学情诊断评估及跟进指导研究。

工作措施	达成标志	负责人
1. 深入解读上师大卢实小学科课程执行标准,根据教学实际情况进一步修订、完善标准。	"上师大卢实小校本课程执行标准"(正稿)	周珏、姚敏、李芳菲、闻芸

续表

工作措施	达成标志	负责人
2. 各学科教研组全面推进"目标导向下的导学稿"编制。	各学科组《目标导向下的导学稿汇编》	周珏、王欣李芳菲、闻芸
3. 使用"临床教学实验室",尝试开展教师课堂教学能力的诊断评估及跟进指导,尝试利用平台进行跨校实时研讨;构建课程教学研究的课例资源库。	各学科"学情诊断坊"对教师个人诊断评估及跟进记录学科组"临床实验室"的研究课、研讨过程视频	课程教学部信息办公室

表附1-13 "项目四"第三年度(2013年1月—2013年12月)

年度目标:完成上海师范大学附属卢湾实验小学基础型课程校本训练系统;汇编各学科"目标导向下的讲学稿"精编案例集;90%以上教师在课堂教学诊断评估中达标(优质课占比为35%左右);利用"教学临床实验室"平台的教学研讨课数量占研究课总量的70%;各学科推行学情诊断评估及跟进指导研究。

工作措施	达成标志	负责人
1. 梳理修整上师大卢实小校本课程执行标准与"导学稿",加强两者间的匹配度,形成基础型课程校本训练系统。	上海师范大学附属卢湾实验小学基础型课程校本训练系统	周珏、姚敏李芳菲、闻芸
2. 监事会、上师大专家组成的教学能力评估专家组,对教师课堂教学进行诊断评估并与两年前数据作比对,做出分析及建议。	教师课堂教学诊断评估报告	周珏、王欣李芳菲、闻芸
3. 使用"临床教学实验室",全面推进教师课堂教学能力的诊断评估及跟进指导,利用平台尝试在跨校研讨的基础上进行跨地区研讨;构建完善课程教学研究的课例资源库。	卢实小校园网"学科课例研究资源库"	课程教学部信息办公室

项目五:德育工作——"丽园有约"、圆梦行动

1. 责任部门:德育活动部

2. 项目负责人:王晴红、刘晓薇

3. 指导思想:尊重个性、崇尚自然,从心理分析的角度对各年龄段学生的特点进行分析,为学校德育课程系列的设置提供科学支持;开通多渠道互动沟通平台,在"丽园有约"系列主题活动中,倡导对个性的尊重、在倾听、融汇的过程中圆孩子的五彩童梦;注重营造融汇通达的育人环境,创设和谐奋进的文化氛围,在过程中培养个性阳光、文明尚礼、智慧创新、和谐圆融的少年。

4. 项目目标:统筹资源拓宽德育载体,沟通交流提升育德能力

(1) 加强德育队伍建设,提升教师育德能力。培养一支具有合作精神、服务意识、和谐

圆融的德育队伍。参加区级以上层面的研讨交流活动 10 人次以上,优秀集体、个人得奖 20 人次以上。

(2) 围绕学校培养目标,逐步完善红色德育课程。尊重学生自然个性的发展,不断修整德育课程内容,拓宽体验渠道,形成 1—5 年级德育校本教材系列。

(3) 整合学校德育载体,打造"丽园有约"学校品牌项目。倾听学生心声,融合学校核心文化,提升该项目在市、区的品牌效应。

(4) 发挥课题作用,加强少先队自主管理建设。充分发挥学生的智慧创新,彰显个性,逐渐凸显具有学校特质的学生文化行为,积极争创上海市红旗大队。

5. 年度目标、措施及达成标志:

表附 1-14 "项目五"第一年度(2011 年 1 月—2011 年 12 月)

年度目标:围绕学校培养目标,尊重学生个性发展,通过利用"心理实验室"平台的分析,调整课程内容,确立红色德育课程初步框架;通过儿童版"办学理念"的解读,提高学生对培养目标的认识和理解。开展"丽园有约"——"寄给丽园"的明信片系列活动;开设"班主任沙龙";少先队市级课题立项。

工作措施	达成标志	负责人
1. 开设"班主任沙龙",采用征询、自荐、推荐等方式开展沙龙。开展"优秀学生"评语征集、评选活动;探索班主任、中队辅导员的培训方法和策略。	"班主任沙龙"活动组建 征询意见汇总表 "优秀学生"评语集	蒋晓政 刘晓薇
2. 结合学校培养目标,充分利用"心理实验室"平台,对各年龄段的学生进行分析;围绕课程设置的内容向学生进行征询。依据分析、征询的意见报告,各年级组开展课程特色总结和内容调整;对个体存在差异的学生,成立教师个别辅导团队,制定融合教育辅导计划和个辅记录表。	心理实验室提供的科学测试报告及意见反馈 德育课程学生征询表及意见汇总 德育校本课程初步构架 1—5 年级课程实施基本素材 个别化辅导计划和记录表	王晴红
3. 组织、策划、开展"丽园有约"——"寄给丽园"的明信片等系列活动。通过"我喜爱的学校"作品征集、教师节祝福语征集、明信片发布会等。学会倾听学生的心声,崇尚自然个性。同时引进社会教育资源,将学生的创意作品汇编成"丽园"明信片集。结合学生培养目标,充分利用升旗仪式、班级网页、班级板报等宣传阵地,开展儿童版"办学理念"的解读。	"丽园"明信片集 "教师节祝福语"学生心愿集 "我喜爱的学校"学生作品集 儿童版"办学理念"解读文本	德育部 闻芸

续表

工作措施	达成标志	负责人
4. 运用少先队课题引领,协同课程部,通过建立队长学校,通过任务招募、任务分工、确立岗位要求等,在两个学生能力展示区域角试点,进行学生自我管理;总结、归纳少先队自主管理经验,市、区少先队专家介入指导自主管理;创意宝典一:"十大好习惯"征集活动。向学生、家长进行征询,听取意见和建议。	"十大好习惯"征集资料 "小鬼当家"——快乐中队手册 课题立项	刘晓薇

表附 1-15 "项目五"第二年度(2012 年 1 月—2012 年 12 月)

年度目标:在专家介入和指导下,完成红色课程发展规划和校本教材的试行稿;总结"丽园有约"的活动经验,开展区级以上层面"丽园有约"的展示活动;融汇各学科教育资源,开展主题式教育活动,提升学生对培养目标的践行能力。"班主任沙龙"交流活动;协同课程部,在两个学生能力展示区开展少先队自主管理;少先队课题中期汇报。

工作措施	达成标志	负责人
1. 导师引入与本校教师自培,开展"班主任沙龙"培训工作,加强对学校骨干班主任和优秀中队辅导员的培养。	培训方案 培训记录 带教计划及指导记录 教育案例集	蒋晓政 刘晓薇
2. 以专家论证、引导、对红色德育课程发展规划的制定、校本教材的编写进行指导。以学校推荐项目、家长、学生自主选择的形式开展课程实施体验;年级组在课程的实施过程中构建校本教材资源库。	红色德育课程发展规划 1—5 年级子课程实施试行稿 个别化辅导区级子课题	王晴红
3. 继续开展"丽园有约"系列活动,通过师生主题辩论会、教师智慧论坛、学生"心语心愿"征集等多种形式,为师生提供了表达真实情感,搭建展现个性才华的平台。围绕学生培养目标,以主题式教育为载体,通过升旗仪式、十分钟队会、学科主题活动等宣传阵地,践行学生培养目标。	"丽园有约"活动方案 师生论坛主题征集表 "心语心愿"学生征集卡 各类主题式教育活动集锦	德育部 闻 芸
4. 运用少先队课题引领,协同课程部区域角的展示,尝试在两个学生能力展示区域角进行管理,体现"小鬼当家"自主管理的能力;创意宝典二:礼仪儿歌征集、汇编《上师大卢实小学生行规守则》,尊重学生的个性发展,凸显学生文明尚礼的良好行为。	"十大好习惯"礼仪儿歌初稿 《学生行规守则》初稿 "小鬼当家"——快乐中队展示 课题中期汇报	刘晓薇

表附 1－16 "项目五"第三年度(2013 年 1 月—2013 年 12 月)

年度目标:完成红色德育课程系列校本教材(正稿);"丽园有约"成果展汇编集;"丽园少年"评选活动。"班主沙龙"区级推介会;在四个学生能力展示区域角开展少先队自主管理;少先队课题结题,申报区级以上科研成果奖。

工作措施	达成标志	负责人
1. "班主任沙龙"推介会,班主任和中队辅导员进行学科两纲教育、主题活动、研讨交流等形式的展示。推选优秀班主任、骨干教师参加区级骨干班。	区级层面推介会 活动方案设计手册 优秀案例、教案、活动方案等汇编成册	刘晓薇 蒋晓政
2. 总结红色德育课程校本化实施的资料,形成学校德育校本教材资料库;整合社会资源,共建与课程相关的社会实践基地,进一步挖掘社会的教育资源,为学生提供更多的实践体验。	1—5 年级校本教材资料库 两个社会实践共建基地 个别化辅导区级子课题的结题	王晴红
3. 充分利用家长、社会、高校等资源,开展"丽园有约"圆梦行动。通过"心语心愿"、心愿墙的布置,圆梦卡的制作、传递和甄选,激发起学生对美好生活的追求和实现梦想的愿望。搭建圆梦的平台,实施圆梦行动,实现学生的"五彩童梦"。开展"个性阳光、文明尚礼、智慧创新、和谐圆融"丽园少年评选活动。	"丽园有约"作品集(师生、家长等) "丽园有约"——圆梦行动方案 "心语心愿"学生梦想卡集锦 学校"丽园少年"风采集	王晴红 刘晓薇 闻芸
4. 继续发挥学生的自主管理功能,引入家长义工、高校大学生指导员的资源协同参与学生管理;在四个课程展示区——学生能力展示区域角尝试岗位管理、活动征集、活动策划等; 创意宝典三:通过征集升旗仪式特色活动,运用学生、老师、家长等的智慧,开展"十大好习惯"礼仪儿歌,《上师大卢实小学生行规守则》推广活动。	学校"十大好习惯"礼仪儿歌正稿 《学生行规守则》手册正稿 "小鬼当家"自主管理成果汇报 课题结题报告及区级评选获奖情况	刘晓薇

项目六:课程建设——**"五彩童梦"、圆梦课程**

1. 责任部门:课程教学部

2. 项目负责人:闻芸、李芳菲

3. 指导思想:以"修德允能、圆融通达"的学校核心文化为引领,整合教育教学资源,构建并完善适合学生学习需求、兴趣探知、个性追求的学校"五彩童梦"课程,从基础型、拓展型、研究型课程三个方面进行推进。在细化课程流程管理、落实课程实施、展示课程特色方面作进一步的探索,促使教师团队与课程同成长,课程实施扎实有效,全面提升课程实施效果。

4. 项目目标:五彩童梦拓展学生个性,减负增效夯实课堂教学

(1)找准学校"五彩童梦"拓展课程与国家基础型课程的对接点,以四个重点学科的探索为先导,在"五彩童梦"课程理念辐射至基础型课程的过程中,进行基础型课程内容的整合与重组,完成20%左右的具有学校课程特色的校本基础型课程设计。

(2)进一步深化"五彩童梦"拓展型课程的开发与实施,整合社会和家长资源拓宽学校拓展型课程开发的渠道,教育资源融入拓展型课程的开设量占总量的10%左右。

(3)总结"五彩童梦"课程中的亮点课程项目,以导师引导、专题研究项目的形式进行研究型课程的开发与实施,进一步拓展学生学科的空间与实践,为学生个性的发展、能力的体现提供平台。成立3—5个"五彩童梦"研究型特色项目。

(4)推进学校"五彩童梦"课程的过程之中,将课程展示和校园环境营造相结合,创设课程展示平台,凸现学校课程特色。完成五块"五彩童梦"课程实践展示版面、四个学生能力展示区域角和一个校园文化展示平台的构建。

(5)加强流程管理,夯实课堂教学,以分层导学促进学生个体发展为目标,分年度确立重点推进项目,通过行之有效的方法,科学提升学生学业水平。

5. 年度目标、措施及达成标志:

表附1-17　"项目六"第一年度(2011年1月—2011年12月)

年度目标:完成四个试点学科的基础型课程整合重组方案;开辟拓展型课程开发新渠道,整合校外资源开设课程占拓展型课程总量的2.5%;启动研究课程,确立两个研究型课程及以上项目并制定方案;创建三个课程展示的版面和一个校园文化平台。分层导学初见成效,60%以上的"圆桌导学班"学生标准分比对呈上升趋势。

工作措施	达成目标	负责人
1. 以基础型课程中的语文、数学、英语、体育为试点,重组整合课程内容,梳理出与语文主题阅读、数学生活应用、英语主题阅读、体育团队游戏课程设计方案,凸显学校"五彩童梦"课程特色,制定课程拓展方案表,并进行相关培训。	语文主题阅读、数学生活应用、英语主题阅读、体育团队游戏的课程校本化方案及相关培训资料(方案设计案例交流稿)	周　珏 王　欣 李芳菲 闻　芸
2. 引进社会教育资源,开辟拓展型课程开发新渠道,开设整合校外资源的课程。	相关的课程实施资料(课程实施方案、学生学习成果)	闻　芸
3. 以导师引导的方式,在中高年级进行试点,确立研究型课程项目,进行课程项目方案的制定。	研究型课程项目方案	闻　芸

续表

工作措施	达成目标	负责人
4. 将课程展示和校园环境营造相结合,创设课程展示平台,完成五块"五彩童梦"课程实践展示版面和一个校园文化展示平台的构建。	课程实践版面展示——1至5楼"五彩童梦"课程展示版面中的三个 校园文化展示平台——"寄给丽园"明信片	闻 芸
5. 细化流程管理,开展"圆桌导学班"活动,初步探索分层导学的个别化教学模式,促进学生个体发展。	流程管理相关资料("学情诊断坊"记录册,质量监控分析表) "圆桌导学班"资料("圆桌导学班"记录册及巡查记录)	闻 芸 周 珏 姚 敏 李芳菲

表附1-18 "项目六"第二年度(2012年1月—2012年12月)

年度目标:开展四个试点学科的基础型课程整合重组课程展示,在各学科课程中进行基础型课程的校本化设置并完成相关方案;整合校外资源开设课程占拓展型课程总量的5%;落实研究型课程项目方案的实施,积累相关资料;创建两个课程展示的版面,开辟两个能展现学生能力的区域角。分层导学再见成效,"创智导学班"学生获市、区级奖项。

工作措施	达成目标	负责人
1. 开展语文主题阅读、数学生活应用、英语主题阅读、体育团队游戏课课程展示,在各学科课程中进行基础型课程的校本化设置,体现学校"五彩课程"的特色。	相关展示资料(教学设计案例) 各学科课程校本化方案	周 珏 王 欣 李芳菲 闻 芸
2. 进一步加强资源整合,引进社会教育资源,拓宽拓展型课程开发渠道,开设两个以上整合校外资源的课程。	相关的课程实施资料(课程实施方案、学生学习成果)	闻 芸
3. 落实研究型课程项目方案,实施研究型课程项目实践。	研究型课程项目实施的相关资料(项目研究活动记录手册)	闻 芸
4. 融合课程展示与校园环境营造、学生能力展现的关系,开辟两个学生能力展示的区域角。	体育活动、自然探究区域角的硬件及拓展学习内容的设置,学生参与互动、能力展示的相关图片资料。	闻 芸
5. 推进流程管理,开展"创智导学班"活动,进一步探索分层导学的个别化教学模式。	流程管理相关资料("学情诊断坊"记录册,质量监控分析表) "创智导学班"资料("创智导学班"记录册及巡查记录)	闻 芸 周 珏 姚 敏 李芳菲

表附 1－19 "项目六"第三年度(2013 年 1 月—2013 年 12 月)

年度目标：总结学校基础型课程校本化实施的资料,形成上师大卢实小基础型课程实施标准;整合校外资源开设的课程占拓展型课程总量的 10%;完成研究型课程项目研究报告,并进行课程汇报展示;进一步开辟学生能力展示区域角,使其总数达到四个;分层导学成效显著,80%以上的"圆桌导学班"学生标准分比对呈上升趋势;"创智导学班"学生获国家、市、区各类奖状。

工作措施	达成目标	负责人
1. 总结学校基础型课程校本化实施的资料,形成上师大卢实小基础型课程实施标准(与教学临床诊断研究中的校本化课程执行标准集合出版)。	上师大卢实小基础型课程实施标准	周珏、王欣李芳菲、闻芸
2. 充分利用家长、校外教育资源,开设资源互通型的拓展课程。	相关的课程实施资料(课程实施方案、学生学习成果)	闻 芸
3. 完成研究型课程项目研究报告,并进行课程汇报展示	研究型课程展示汇报的相关资料(项目研究报告等)	闻 芸
4. 拓宽学生能力展示的空间,再度开辟两个学生能力展示的区域角。	音乐、美术区域角的硬件及拓展学习内容的设置,学生参与互动、能力展示的相关图片资料	闻 芸
5. 加强流程管理,进一步开展"圆桌导学班"、"创智导学班"活动,加强分层导学的个别化教学研究。	流程管理相关资料("学情诊断坊"记录册,质量监控分析表)"圆桌导学班"、"创智导学班"资料("圆桌导学班"、"创智导学班"记录册及巡查记录)	闻芸、周珏姚敏、李芳菲

第五部分　保障措施

一、组织制度保障

(一)内部组织机构与运作机制的保障——"一室三部"及"圆融问责"运作机制

成立学校三年规划实施领导小组,校长为第一责任人,统筹协调,具体实施三年规划的全程管理。项目执行机构设有"一室三部"即校长办公室、课程教学部、德育活动部和教育服务部,负责三年规划中各项目的具体实施。明确各项目负责人,项目负责人全面组织、协调、监督各项工作的落实。

学校设置各类项目运作机制保障项目的有效实施,机制的设定围绕两个关键词"沟通、合作",将"圆融"文化通过管理机制的运作得以凸显。主要有运用 SWOT 分析理论,对学校情况年度分析,形成分析报告;运用互动调研制度,对学校规划、重大决策等广泛征询教师、学生、家长和社会的意见及建议;根据分析报告及征询意见对规划做出及时调整,形成三年发展规划修正稿、金点子汇编;三个部门实行管理部门内协同互动制和召集人负责制、管理部门间的协调例会制、责任问责制和年度汇报反思机制。进一步明确学校各部门的规划分工与责任,在规划中按照项目目标确立工作措施和达成标志,明确规划的分工与责任,同时在定责的基础上合理授权,强调自主管理和自我控制,充分发挥各部门的积极性和创造力,努力做到团结协作,分工明确,条块清晰。

(二)外部组织机构与运作机制的保障——外部机构及"圆融通达"运作机制

学校外部的组织机构主要有监事会、家委会、社区委员会,还有来自于与上师大合作办学的小学教育研究所的资源。切实发挥社会力量的民主决策和监督作用,进一步加强校务公开,不断拓宽家长、社区、上师大等校外民主监督渠道。由学校监事会专家组成学校规划实施情况评估领导小组,制定自评指标,对规划的实施情况进行阶段评估。通过各种渠道和形式,由三级家委会中的宣传调研组定期对学校三年发展规划的实施进行宣传调研,了解规划实施的目的、任务、意义、内容和阶段性成果。秉承民主、互通、通达的合作理念,及时了解社会各界的意见和建议,努力营造有利于规划实施的良好社会氛围。

二、民主监督保障

工会和学校教代会不断完善规章制度,顺利保障三年规划的落实。切实发挥教代会的民主决策和监督作用,在规划制定过程中,要求领导班子、广大教师就学校现状、发展目标和具体策略等问题展开充分讨论,学校在集体智慧的基础上形成学校教职员工认同的规划;在规划执行中充分听取群众意见和建议,通过加强学校的民主管理、加大依法行政力度、强化民主监督激发全体教职员工当家作主的意识,彰显"修德允能、圆融通达"理念,构建学校发展与师生共同成长的平台,形成符合学校发展愿景的民主管理文化;进一步加强校务公开,不断拓宽家长、社区、上师大等校外民主监督渠道,引入学校重大事件听证会模式,民主决策、民主监督,保障规划有序有效落实。

三、经费运作保障

以学校三年发展规划为指导,以新校园的现代教育条件为基础,以尊重学生生命质量、教师工作幸福感为核心,合理配置资源,改善经费使用结构,保障教师教科研、教师培训、学生综合实践活动等各项目工作的顺利开始,提高教育经费的使用效益,避免资金使用上的低效与浪费。定期对项目投入资金情况作绩效评估,对学校信息设施、图书馆配置、专用教室配置等做出进一步的经费投入,加强学校校园文化建设,在硬件设施上保障学校校园文化的建设,凸显"修德允能、圆融通达"的学校文化,确保各配置情况与规划实施要求相匹配,确保规划顺利实施。

附录 2：

修德允能　五彩圆梦

——上海师范大学附属卢湾实验小学整体课程规划

引言

上海师范大学附属卢湾实验小学位于上海市卢湾区南部地区，与世博园区相邻，属上海市卢湾区（现黄浦）南滨江发展区。学校始建于 50 年代初期，为私立修德义务学校；50 年代中期（约 1956 年）改名为卢湾区丽园路第一小学；2007 年 9 月与上海师范大学合作办学，更名为上海师范大学附属卢湾实验小学；2009 年 9 月与丽园路第三小学合并，仍称为上海师范大学附属卢湾实验小学。

学校新校舍于 2006 年 12 月 8 日正式奠基动工，于 2009 年 1 月正式启用，占地面积 14546.1 平方米，建筑面积 20044.9 平方米。学校现有 36 个教学班，学生 888 人。

学校有着近 60 年的办学历史，从开创时期的"修德"义务学校，到实施素质教育在全市首批探索实验小班化教育，再到与高校合作办学过程中提出"平等与尊重、合作与责任、对话与分享"的圆桌办学理念。学校的办学者与老师始终在关注学生个体、尊重学生发展、探寻资源共融的过程中一步步实践与探索，积淀了较为丰富的办学经验。学校的篮球、书法、创意设计、合唱、模型等个性特色课程在区域内享有一定的声誉。学校曾获得上海市行为规范示范校、上海市中小学心理健康教育实验基地、上海市新课程教育实践基地、区文明单位、区绿色学校、区体育特色学校等。

一、学校课程情景分析

表附 2-1　"五彩童梦课程"资源分析表

来源 \ 类型	教育类资源	健身类资源	学科类资源	探究类资源	创意类资源
在地文化课程资源	【生命教育】 ➢ 妇幼保健院 ➢ 残联养老院 ➢ 民防科普教育馆 ➢ 公安博物馆 【民族精神教育】 ➢ 世博会(中国馆等永久场馆;世博女兵的部队资源) ➢ 二六轰炸纪念碑江南造船博物馆 ➢ 中共一大会址、新天地 ➢ 团中央旧址 ➢ 周公馆 ➢ 上海档案馆 ➢ 上海博物馆 ➢ 昆剧团	➢ 卢湾区体育中心 ➢ 少体校 ➢ 社区文化中心 ➢ 校园足球办公室	➢ 校外教育课程 ➢ 卢湾区劳技中心 ➢ 社区文化中心	➢ 丽蒙绿地 ➢ 田子坊(石库门) ➢ 世博最佳实践区 ➢ 青少年活动中心科技探索馆 ➢ 文化探究资源(白玉兰剧场、社区文化中心、卢湾有线电视台、新民晚报社等)	➢ 智造局创意园区 ➢ 田子坊 ➢ 世博最佳实践区 ➢ 青少年活动中心 ➢ 陶瓷科技艺术馆
校内空间设备课程资源	➢ 炮弹陈列池 ➢ 石碑地 ➢ 桃李园 ➢ 小剧场	➢ 室内篮球馆 ➢ 空手道道场 ➢ 室外操场 ➢ 乒乓房 ➢ 橙色灵动之梦课程互动角	➢ 教学临床诊断实验室 ➢ 图书馆 ➢ 数学角 ➢ 校园电视台 ➢ 心理活动室	➢ 自然学科专用教室 ➢ 下沉式广场 ➢ 屋顶花园 ➢ 种植园 ➢ 水景观 ➢ 机器人实验室 ➢ 绿色探究之梦课程互动角	➢ 音乐学科专用教室 ➢ 美术学科专用教室 ➢ 写生室 ➢ 书法室 ➢ 合唱室 ➢ 电声乐队室 ➢ 紫色遐想之梦课程互动角

续表

类型 来源	教育类资源	健身类资源	学科类资源	探究类资源	创意类资源
	【教师资源】				
人力 课程 资源	➤ 36位班主任教师,其中90%以上为成熟型班主任 ➤ 管理流程通畅的党支部、团支部、工会、少先队组织 ➤ 德育活动部所领衔的德育微型课程开发实施项目及相关实施人员梯队	➤ 7名体育专职教师,其中1名为资深少儿篮球教练、1名为少儿足球教练 ➤ 2名外聘空手道黑带教练 ➤ 由区少体校提供的资深足球教练人选	➤ 88名在岗教师,其中4名硕士,2名硕士在读;54名本科,16名在读;28名专科教师 ➤ 1名特级教师;5名中学高级教师;53名小学高级教师 ➤ 由社会教育资源所提供的优秀课程授课教师	➤ 6名常识信息专职教师,其中1名为自然学科中学高级教师 ➤ 5名具有探究类课程一技之长的其他教师	➤ 8名艺术类专职教师,其中1名为资深少儿合唱指挥 ➤ 10名具有创意类课程一技之长的其他教师
	【学生资源】				
	➤ 生源数量呈上升趋势 ➤ 学习兴趣广泛、思维能力较强的生源逐年增长 ➤ 学生学有所长的人数比例较高 ➤ 学生对课程个性化需求及实施要求日益增长				
	【家长资源】				
	➤ 家长对学校工作的关注度逐年增加 ➤ 家委会直接参与学校管理、课程开发、调研反馈等工作 ➤ 家长有一技之长或愿意为学校提供服务课程的社会资源 ➤ 家校沟通平台的逐步完善与加强 ➤ "丽园有约"为家校互动搭建平台				

二、学校课程哲学厘定

(一)办学理念

上海师范大学附属卢湾实验小学的办学理念是"修德允能、圆融通达"。

"修德允能,圆融通达"是根植于学校历史土壤、采集学校现今养分,从现今指向未来的一种办学理念。从"修德"到"小班化"到"圆桌精神",在学校办学的历史上关注学生人格健康、关注学生德能兼修、关注学生个体发展是始终所坚持并一脉相传的。从现今考虑,学校与高校合作办学,学校增加办学的开放度,与家长、与社会等教育资源开始了多方面的资源整合,我们已经开启了一项"大教育"合作圈的探索历程。

"修德允能,圆融通达"的办学理念是指:

● **"修德"** 意指修身明德、养性立行,是教书育人的最高境界与终极目标。

● **"允能"** 是指鼓励表达,倡导沟通,创造条件,发挥潜能,是对个性和人格的尊重,对能力和才华的尊重,对竞争和创新的尊重。

● **"圆融"** 之"圆"是顺应自然,是以顺应学生天性来促进学生发展的客观规律的遵循,是对学校核心价值观的坚守与认同,"融"是融汇,对不同文化的共通、共生与整合,是一种气度,是对学校文化的包容与吸纳,是一种方法,是一种对教育资源的融汇与凝聚。

● **"通达"** 是指融通贯通,理解沟通,达意达到,是指学校的各类教育资源的互通互融,是文化、思想上的开放与交融。

"修德允能,圆融通达",就是倡导以"德"修身为核心,以"能"创新为重心,在"平等与尊重、合作与责任、对话与分享"的和谐奋进的氛围中汲取外力、整合内力、形成高效作用力,促进学校的特色发展。

（二）课程理念

上海师范大学附属卢湾实验小学的核心课程理念是"修德允能、五彩圆梦"。

"允"意之一为"公平"、"公允",教育之真谛即为——公平公正地对待每一位学生,兼顾学生的个体差异,以个性化的课程设置与实施,促使每一位学生学习的潜能得以开拓与发挥;

"允"意之二为"允许",即尊重并允许每位学生发挥个性之所长,在顺应学生天性、顺应学生需求的课程实施过程中,引导学生经历课程学习的过程,以个性之所长的方面带动综合能力的整体提升。

上海师范大学附属卢湾实验小学的"五彩"课程是以"修德允能、圆融通达"的学校核心文化为引领,整合学校、社会、家长等各类教育教学资源,以"德"修身为核心,以"能"创新为重心,圆学生个性发展需求、兴趣探知梦想的"五彩童梦"。

（三）课程愿景与课程目标

1. 课程愿景

"修德允能,圆融通达"是上海师范大学附属卢湾实验小学的办学理念,它代表着上师大卢实小人的人格理想,因此我们所要培养的学生是带着"修德允能,圆融通达"烙印的现代小学生。学校将"五彩童梦"课程作为促进学生实现"修德允能"的工具,通过优化并整合多方教育资源、开发多渠道教育平台创设"修德允能"的教育文化氛围,为每一位学生的个性发展开发相应的课程资源,开发学生的创造潜能,培养德能兼备、身心健康阳光、知礼善合作、智慧能创新的个性自然人,为每位学生提供彰显个性特色的舞台,实现彰显个性特色的梦想。最终通过五彩童梦课程,培养出具有**"个性阳光、文明尚礼、智慧创新、和谐圆融"**的现代小学生。

● **个性阳光**——心理健康阳光,懂得尊重与理解,拥有鲜明的个性特征和积极、乐观向上的追求与梦想。

● **文明尚礼**——有正确的社会价值观和良好的道德品质,知书达理、文明有礼,做"文明小公民"。

● **智慧创新**——勤思考、会学习、有方法,既懂"传承"又能"创新"。想知道"是什么",爱追问"为什么",愿尝试"做什么",能发现"知什么"、善创造"想什么"。

● **和谐圆融**——秉承"圆融通达"的卢实小精神,愿合作、善沟通、会欣赏、能包容,具有大气的胸襟和精神,用欣赏、包容的眼光看待世界。

2. 课程目标

表附 2-2 "五彩童梦课程"目标分解表

培养目标 \ 阶段 课程目标	低年级	中高年级
个性阳光	● 初步学会表达快乐的校园生活,心理健康阳光 ● 能积极参与自己喜爱的体育活动,感受健身的快乐 ● 学会自我管理,养成良好的学习习惯 ● 能表达自己的兴趣爱好 ● 初步体验绘画、书法、音乐等课程的实践过程,感受艺术氛围	● 感受丰富的世界、家乡文化魅力,建立健康、积极的生活态度 ● 能积极参与各项健身活动,建立健康的健身习惯 ● 掌握基本的学习方法,在学习中能表现出积极向上的学习态度 ● 能对周围的事物产生兴趣,善于表达自己的观点和创意 ● 学会运用艺术作品表达自己积极向上的情感世界

续表

阶段 课程目标 培养目标	低年级	中高年级
文明尚礼	● 懂得校内外的日常礼仪,学做"文明小公民" ● 知道基本的活动规则并能遵守 ● 学会规范自己的学习行为 ● 知道在学习和探究过程中,用文明的言行进行交往 ● 初步了解艺术欣赏的基本礼仪	● 感受中华传统美德,学会在各种场合用文明的言行举止进行交往 ● 能自觉遵守各项活动规则 ● 学会自觉规范自己的学习行为 ● 学会在学习和探究过程中,用文明的言行进行交往 ● 学会在艺术欣赏、创作中运用基本的礼仪
智慧创新	● 初步认知校园、感受学校生活,提高校园生活适应能力、管理能力 ● 了解基本的体育活动,学会玩一些自己喜欢的活动项目 ● 了解并掌握课程基本知识,学会在学习中表达自己的观点与创想 ● 初步学会观察身边的事物,有好奇心和探究的愿望 ● 了解生活中的艺术美,敢于想象和创造	● 初步感知世界、家乡的特色文化,拓展知识面、提升社会交往能力 ● 了解学校特色的运动项目,学会创编体育游戏 ● 掌握课程基本知识,善于思考,能在某些学科中表现出独特的创新思维 ● 会观察、会思考、会探究身边的事物并尝试经历科学探究的过程 ● 能发现生活中的艺术美,善于想象,初步具备艺术创造的能力
和谐圆融	● 初步学会欣赏他人,体验与他人交往的经历 ● 初步体验与同伴合作的经历,感受探究的乐趣;能参与集体活动,与同伴共同完成健身运动 ● 能参与集体活动,与同伴共同完成健身运动 ● 初步学会欣赏"智慧少年"的示范行为 ● 知道用欣赏的眼光看待同伴的作品	● 能与他人共同参与社会实践活动,勇于承担责任、愿与他人分享成功的经历 ● 能够与同伴合作,体验合作探究的积极情感 ● 积极参与集体活动,建立集体荣誉感和自豪感 ● 能与同伴分享有效的学习智慧与经验 ● 学会用欣赏的眼光看待同伴的作品,尝试读懂作品中作者的内心情感

三、课程结构

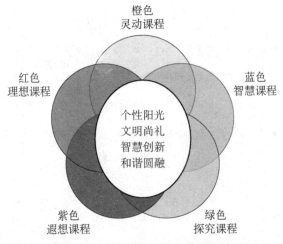

橙色
灵动课程

蓝色
智慧课程

红色
理想课程

个性阳光
文明尚礼
智慧创新
和谐圆融

紫色
遐想课程

绿色
探究课程

图附 2-1 "五彩童梦课程"课程结构图

四、课程内容与设置

（一）课程内容

表附 2-3 "五彩童梦课程"内容分解表

	国家课程	校本课程
红色理想课程	品德与社会 （一至五年级）	"我爱校园"课程（一年级） "我爱社区"课程（二年级） "我爱黄浦"课程（三年级） "我爱上海"课程（四年级） "我爱世界"课程（五年级）
		"心灵鸡汤"课程【三年级】 "小小图书员"课程【二年级】
橙色灵动课程	体育与健身 （一至五年级）	"校园篮球"课程（一到五年级） "团队游戏"课程（一到五年级） "空手道"课程（一到五年级）* "游泳"课程（二、三年级）

	国家课程	校本课程
		"律动篮球"课程【三年级】 "丽园乒乓"课程【二年级】 "小小足球"课程【一、二年级】
蓝色智慧课程	语文 （一至五年级）	"主题阅读"课程（一到五年级）
		"魔力书吧"课程【三年级】 "苗苗小话筒"课程【四年级】 "校园小记者"课程【五年级】
	数学 （一至五年级）	"运用数学"课程（一到五年级）
		"理财小能手"课程【三、四年级】 "数海畅想"课程【一至三年级】*
	外语 （一至五年级）	"主题英语"课程（一到五年级）
		"English Club——快乐 ABC"课程【二年级】 "English Club——英语小品"课程【四、五年级】 "English Club——英语小能手"课程【三年级】*
紫色遐想课程	唱游（一、二年级） 音乐（三至五年级）	"丽声合唱"课程【二至五年级】
	美术 （一至五年级）	"书法艺术"课程【二、三、四年级】* "创意设计"课程【一至五年级】
	劳动技术 （四、五年级）	"生活小窍门"课程（一、二年级）
		"创意折纸"课程【一年级】 "创意模型"课程【四、五年级】
绿色探究课程	自然 （一至五年级）	"自然世界探秘"课程（一年级） "艺术世界探寻"课程（二年级） "中国文化探知"课程（三年级） "异域文化探索"课程（四年级） "中学生活实探"课程（五年级）
		"走近孔雀鱼"课程【三、四年级】 "丽园种植园"课程【三、四年级】 "科学小实验"课程【三、四年级】 "焦点问题探访"课程【五年级】

续表

	国家课程	校本课程
绿色探究理论	信息科技 （三年级）	"未来教育"课程【三、四年级】* "IT能力"课程【四、五年级】 "机器人"课程【三、四、五年级】 "E—man研发"课程【四、五年级】

注：（ ）内为限定课程内容、【 】内为非限定课程内容、＊为引进社会教育资源课程
以上课程内容依据学生需求进行学期微调增补

（二）课程设置

表附 2 - 4　上海师范大学附属卢湾实验小学 2010 学年度课程设置一览表

课程、科目 \ 年级（周课时）	一年级	二年级	三年级	四年级	五年级	说明
基础型课程 语文	9	9	6	6	6	一年级入学初,各各科设置3周学习准备期。
数学	3	4	4	5	5	
外语	2	2	4	5	5	
自然	2	2	2	2	2	
品德与社会	2	2	2	3	3	
唱游/音乐	2/	2/	/2	/2	/2	
美术	2	2	2	1	1	
体育与健康	3	3	3	3	3	
信息科技			2			
劳动技术				1	1	
周课时数	25	26	27	28	28	
拓展型课程 班队活动	1	1	1	1	1	● 班队活动依据学校红色理想课程的主题内容确定。 ● 一、二年级下午2：40—3：20安排一次体育活动。
阅/写	1	1	1	1	1	
应用数学	1		1			
外教口语	1	1				
主题英语	1		1	1	1	
空手道	1		1	1	1	

续表

课程、科目	周课时 年级	一年级	二年级	三年级	四年级	五年级	说明
	校园篮球/团队游戏			1	1	1	
	游泳		1				
	周五拓展课				1	1	
	周课时数	6	5	5	5	5	
探究型课程	周五创新活动日课程	1	1	1	1	1	
午会		每天20分钟					
广播操、眼保健操		每天30分钟					
周总课时数		32	32	33	34	34	每课时35分钟

五、课程实施

(一)第一维度:以优质为核心追求的课程实施路径

基础型课程的实施中将进一步确立以"学生发展为本"为理念,"以学定教、以学施教",伴随教师的教学实践和研究,进一步提高学校基础型课程教学的有效性。立足课堂、落实减负增效,通过"临床教学实验"研究项目的运作梳理学科体系,优化教师课堂教学行为,提升整体教师队伍的课程把握力,形成《上海师大卢湾实小学科课程执行标准》。使课堂教学注重发挥学科的育人功能,注重培养创新精神与实践能力,丰富学生学习经历,切实减轻学生课业负担,科学提升学生学业水平。

1. 路径一:"修德允能"课程

● "学情诊断坊"

基于学校曾开展的"一页纸教学"研究,大部分教师能在施教的过程中尽最大可能地关注每一位学生的学习状况。教师通过课前对学生学情的诊断,课中关注课堂内的生成及时调整教学策略,有效地组织教学以达成既定的教学目标。

"学情诊断坊"是基于"一页纸教学"的后续研究项目,充分利用校内有利硬件设施——

"临床实验室",将课堂观察作为课程实施的重要组成部分,引领卢实小的广大教师以"修德允能"理念为引领,更科学更全面地看待课堂,向课堂求效率要质量,科学地推进、实施课程。

首先在校内组建一支学科专业团队,引入外聘专家,定期定点定人地进入课堂。课中观察教师的教学行为,观察学生在学习过程中的表现;课后执教教师进行"反思性说课——书面反思",同时以"教师个体——组内同伴——学科专家"互动性评课结合"临床实验"提供的相关数据和微格片段进行反观课堂。通过"学情诊断坊"的开展,力求使学生得益实现三十五分钟内的效能,力求使课堂成为教师专业成长之地,力求使校内的学科专业团队逐渐逐步成长为校内学科课程的学术高地。

- "目标导向下的导学稿编制"

"一页纸教学"让卢实小的所有教师认同了"针对差异的教学",而"针对差异的教学"首先应体现在目标的差异。这就要求实施教学的教师对学科课程的总目标应有更明晰的认识,整体把握教材,在此基础上按年段要求、按单元要求、按课时要求,逐层逐级地分解目标,以"允能"为导向,设计出适合每一位学生在一定的学习阶段达成符合其发展的梯度目标。同时联系学生与学校实际对教材作合适的选择与调整,包括学生的不同知识基础和生活经验,使教材的主题呈现与结构次序能适应学校的实际和不同层次学生的学习需要,辅之以适时适量适度的作业练习。希望伴随着学科课程的逐渐深入,促进学生自身认知的发展,不断丰富其学习经历,最终使其达成学科课程的目标。

2. 路径二:"圆桌导学"课程

圆桌导学课程延续并深化了"一页纸教学"中对学生作业的要求及个别辅导,其目的是通过开展分层导学,更好地促进学生个体发展,达到减负增效的成果。

形式上学校在征询学生及家长的意见后,每天定地点分学科地为个别学生提供课后辅导。实质上教师通过对学生的课内学习效果进行评估,深入了解学生的学习需求,在此基础上制定计划,确立导学内容,寻找合适的导学方法,设计提供量少质精效优的分层课业来巩固课内的学习效果,帮助学生提升学业水平。有差异地布置作业,为不同学生提供不同水平的作业,让学生都有适合自己的作业。为学生提供面批作业的机会,深入分析学生作业的过程表现,注意捕捉学生作业思维的痕迹,了解学生解答作业中思维的水平与质量，了解其中的问题，及时找到应对的方法使课内实施课程教学更具有针对性和实效性。

（二）第二维度：以圆梦为价值追求的课程实施路径

以"圆梦"为价值追求，以"创新活动"和"创智导学"为实施路径，整合校内外教育教学资源，在"圆融通达"的管理智慧行动下，尊重学生的自然天性和差异，让每一位学生在学校接受平等、全面而又有针对性的教育，完善适合学生学习需求、兴趣探知、个性追求的学校"五彩童梦"课程。在细化课程流程管理、落实课程实施的过程中，拓展学生学习领域，发展学生个性、提高学生综合能力，展现课程特色。

1. 路径一："创新活动"课程

学校整合校内外资源，设置拓展型课程方案，其包含了六个系列的课程，覆盖学生面100%，并以周五的"创新活动日"为契机，在实施的过程中已初见成效。为了进一步更好地完善课程方案，提高"创新活动"课程即拓展课程的质量，让更多的学生在自选参与课程活动中受益，我们将进行以下的课程实施：

首先是强化常规流程管理，学期初课程申报和方案制定，教师根据自身特色，在学校创新课程即拓展型、探究型课程规划之内，进行课程的申报，填写申报表，制定课程方案，学校课程领导小组经过审核，提出调整意见，课程申报与审核制度在源头对课程规划的落实起到了调控与把关作用；学期中深化管理人员调查制度，提高课程实施质量，在课程实施的过程中，管理人员可以通过座谈、走访、巡视等方式观察课程实施的实际情况；学期末实施课程评价制度，课程评价逐步从教师自我评价向管理评价过渡，学期结束，课程领导小组和各教研组对每个课程从方案制定、教材教案编写、过程资料收集、成果交流展示、学生活动评价等方面进行综合评价，从中发现课程的亮点。

其次将课程展示和校园环境营造相结合，创设课程展示平台，凸现学校课程特色。完成五块"五彩童梦"课程实践展示版面、四个学生能力展示区域角和一个校园文化展示平台的构建。鼓励教师根据收集的资料、成果和课程特点设计独特的展示方式，在课程的展示交流中，使老师们相互学习，共同提高。鼓励学生展示自己的个性和能力，激发与提高学习的兴趣。

2. 路径二："创智导学"课程

开放办学,融入校内外的优质教育资源,满足不同层次、兴趣爱好学生能力提升的需求,是"创智导学班"课程的核心理念。创智导学课程引入社会教育资源课程,并在征询学生及家长意愿的前提下,每周在固定时间开展。

在引入之前,学校需对其教育资质进行审核,并对其课程的设置及课程预设的目标进行了解。每学期初,学校审核一个学期的课程方案(包括课程进度安排、课程学习内容安排等),提出相关的建议以及部分课程内容校本化要求,使其课程能有计划的开设。在课程实施的过程中加强课程管理,配备相关的管理人员和助教老师,并经常与对方沟通交流,及时了解课程开展情况,另外通过走访学生,了解学习情况,掌握学生对课程实施的反馈,以便学校对课程实施成效的评价更为全面,并要求根据进程和课程特色定期进行课程展示,其范围可以是校、区或市级,以此来更为直观地验证其合同的履行成效。

六、课程评价

为确保学校"五彩童梦"课程的全面实施,凸显课程的实施效能,学校建立了"以质量监控、以课程开发和课程效益为目的"的多元化评价体系,通过教师、学生、家长等多方位评价促进课程质量的提升,全面推进学校课程发展、促进学生成为"个性阳光、文明尚礼、智慧创新、和谐圆融"的现代小学生。

(一)以质量监控为目的的课程评价

学校树立全面质量观,丰富学生的学习经历、提升能力,构建"起点——过程——终点"型的系统性评价,促进课程质量的不断提高。

1. 起点确认制

期初,学校与教师签订执教班级的"学业水平起点确认单",明确该班的学科学业水平现状,便于教师了解班级情况。教师根据班级现状及学生特点设置课程教学目标,在"允能"的前提下,个性化的课程设计为课程的实施提供保障。同时"起点确认制"为班级的纵向系统比较提供有效依据。

2. 过程监控制

学校开展阶段性质量监控,关注过程性评价。在期中、期末、采样等阶段检测后,以"三图表"的形式呈现质量评价,即班级标准分折线统计图、班级学业水平分析表、学科汇总分析表。其中——

　　√　**班级标准分折线统计图**动态反应班级的纵向学业水平发展情况,由课程教学部个别提供给执教老师,帮助教师及时了解班级所处状态,以便采取教学调整措施。

　　√　**班级学业水平分析表**由执教老师填写,促进教师总结汇总,了解学生发展趋势,随时改进教学方法,进行班级评价。

　　√　**学科汇总分析表**由课程教学部各分管学科教学的领衔教师汇总总结,以学科年级横向比较的视角,再结合学科年级总校比较的视角,全方位总结学科教学情况,以分析加建议的形式及时反馈,帮助学科组及教师全面了解学业情况做好跟进调整。

　　3. **终点总结制**

　　期末,学校根据课程完成的质量情况,进行总结与表彰,形成综合性评价。对于质量突出与进步的教师给予表彰,激励教师进一步提升教育教学质量;与学业水平大幅下降的教师进行谈话,由课程教学部分管的学科领衔教师牵头帮助教师找寻问题,制定改进方案,促进质量提升。

　　(二)以课程开发为目的的课程评价

　　学校不断完善课程的进入机制和质量确认的评估体系,逐步形成课程开发论证制和课程文本评价制,促进学校课程的有效开发。

　　1. **课程开发论证制**

　　期初,教师提交校本课程开发申报表和课程实施方案,初步确立课程名称、课程理念、课程目标与内容、课程实施与评价等设置。经上海师范大学等课程专家及学校课程教学部审核论证后,确定学校课程开发项目及人员名单。

　　2. **课程文本评价制**

　　期末,教师通过课程方案、教材教案、课程评价表等文本资料的呈现,并结合一到五楼的课程展示版面进行多元化的课程展示。学校以教研组为单位开展课程互评活动,课程部结合课程实施的巡查日志进行文本评价与反馈,对于优秀的课程实施给予表彰和奖励(绩效工资方案中的课程实施考核优良奖项目)。

　　(三)以课程效益为目的的课程评价

　　学校邀请教师、学生、家长共同参与学校课程评价,采用问卷等方式周期性地对学校课程设置的合理性、课程执行的有效性、课程成果的显著性等进行分析评估。并及时调整课程内容,完善课程管理,使之不断适应学生学习需求,激发师生潜能,彰显成效。

七、课程管理与保障

(一)外部机构保障

学校外部的组织机构主要有监事会、家委会、社区委员会,上海师范大学小学教育研究所等。这些机构有利于学校充分并因地制宜地挖掘、开发、利用各类外部资源,通过整合形成学校的课程资源。学校充分发挥社会力量的民主参与和监督作用,不断拓宽家长、社区、上师大等校外民主监督渠道。课程的建设与实施情况可由学校监事会专家组成学校规划实施情况评估领导小组进行阶段评估。通过各种渠道和形式,由三级家委会中的宣传调研组定期对课程开发和实施情况进行宣传调研。秉承民主、互通、通达的合作理念,及时了解社会各界对学校课程建设的意见和建议,努力营造有利于课程实施的良好社会氛围。

(二)内部组织制度保障

校长是学校课程领导的第一责任人,学校成立"课程教学部",协同"校长办公室"统筹、协调课程的整体规划和实施,执行课程的全程管理。

"课程教学部"设置课程管理与评价机制,保障课程的有效实施。机制的设定围绕两个关键词"沟通、合作",将"圆融"文化通过课程管理机制的运作得以凸显。主要有课程开发论证制,通过教师个体申报、专家或学校论证,保障了课程开发的科学性;有以质量监控为目的的"起点确认制、过程监控制、终点总结制"的课程评价体系,运用个别见面、表彰、谈话等方式保障课程实施的质量;还有课程文本评价制,通过课程文本的呈现与展示,定期对教师、家长、学生的问卷调查等,检测课程实施的效益。

(三)人力资源保障

1. 教师发展的保障

学校的教师发展以加强人力资源开发为宗旨,营造和谐奋进的研讨氛围,通过团队的发展,逐步形成并凸显学校特色的"圆融"教师行为文化。以团队发展逐渐带动团队中教师个体的发展,整合资源、创设双向互动的研讨带教模式。鼓励优秀骨干教师脱颖而出,建立首席教师制,起引领辐射作用。

学校充分开发"教学临床实验室"功能实现教师的专业发展，依托高校及校监事会专家给予的学术支持，科学开展教师课堂教学能力诊断评估及跟进指导，在校内外全面辐射优质课例的资源效应，优化教师课堂教学行为，提升教师课堂教学能力，提高课堂教学质量。

2. 家长及社会资源的保障

学校家委会采用"3＋3"家校互动合作机制，在与高校、社区、外地区的联动合作中，形成了多渠道的课程资源来源。定期的调研征询机制，运用座谈会、问卷调查等方式倾听家长、社区对学校课程的意见与建议，让家长、社区人员带着资源走入学校课程。学校还对家长、社区、高校乃至跨地区优质教育资源进行调研与学习借鉴，形成促进学校课程开发与实施的可行性建议。

（四）经费支持的过程保障

以学校课程整体规划为指导，以新校园的现代教育条件为基础，以"修德允能、五彩圆梦"的课程理念为核心，合理配置课程资源，改善经费使用结构，保障课程开发、课程实施、课程评价与展示等各课程项目的顺利开始，提高教育经费的使用效益，避免资金使用上的低效与浪费。定期对用于课程建设的项目投入资金情况作绩效评估，对学校课程区域展示角、信息设施、图书馆配置、专用教室配置等做出进一步的经费投入，加强学校校园课程文化建设。对在课程建设过程中起到积极作用的教师实行一定的经费奖励措施。

参考文献

一、著作类

[1] 胡东芳. 学校管理新思维——成为智慧地学校管理者[M]. 天津:天津教育出版社,2006.

[2] [澳]布莱恩·J·卡德威尔,吉姆·M·斯宾克斯著,胡东芳等译[M]. 上海:上海教育出版社,2005.

[3] 李清刚. 校本管理——学校品牌的创建与运营[M]. 广州:广东高等教育出版社,2010.

[4] 张静. 新时期高校校园文化建设的新探索[M]. 天津:南开大学出版社,2010.

[5] 彭虹斌. 教育管理学的文化路向[M]. 北京:教育科学出版社,2009.

[6] 王全,陈太忠,何芳. 校本管理[M]. 北京:教育科学出版社,2009.

[7] 段维龙. 企业文化与人本管理[M]. 北京:北京大学出版社,2009.

[8] 马作宽,王若军. 组织文化[M]. 北京:中国经济出版社,2009.

[9] 彭虹斌. 教育管理学的文化路向[M]. 北京:教育科学出版社,2009.

[10] 陈红. 人格与文化[M]. 合肥:安徽教育出版社,2009.

[11] 刘笑敢. 中国哲学与文化(第四辑)[M]. 桂林:广西师范大学出版社,2009.

[12] 刘笑敢. 中国哲学与文化(第五辑)[M]. 桂林:广西师范大学出版社,2009.

[13] 周成平. 外国著名学校的管理特色[M]. 南京:南京大学出版社,2009.

[14] 赵国忠. 校长最需要的心理学[M]. 南京:南京大学出版社,2009.

[15] 席酉民,刘文瑞. 组织与决策[M]. 北京:中国人民大学出版社,2009.

[16] 席酉民,刘文瑞. 战略与变革[M]. 北京:中国人民大学出版社,2009.

[17] 席酉民,刘文瑞. 行为与管理[M]. 北京:中国人民大学出版社,2009.

[18] 郑杰. 从校长到幕僚——学校发展咨询手记[M]. 上海:上海科技教育出版社,2009.

[19] 赵中建. 学校文化[M]. 上海:华东师范大学出版社,2008.

[20] 张新平,等. 教育管理实践个案研究[M]. 上海:上海教育出版社,2007.

[21] 叶澜. "新基础教育"论——关于当代中国学校变革的探究与认识[M]. 北京:教育科学出版社,2006.

[22] 张楚廷. 教育哲学[M]. 北京:教育科学出版社,2006.

[23] 孙鹤娟. 学校文化管理[M]. 北京:教育科学出版社,2005.

[24] 杨全印,孙稼麟. 学校文化研究[M]. 北京:教育科学出版社,2005.

［25］［美］埃德加·H·沙因.企业文化生存指南［M］.郝继涛,译.北京:机械工业出版社,2004.

［26］张康之.公共管理伦理学［M］.北京:中国人民大学出版社,2003.

［27］范国睿.多元与融合——多维视野中的学校发展［M］.北京:教育科学出版社,2002.

［28］［挪］波·波林.理论与战略——国际视野中的学校发展［M］.范国睿,主译.北京:教育科学出版社,2002.

［29］郑金洲.教育文化学［M］.北京:人民教育出版社,2000.

［30］［加］迈克·富兰.变革的力量——透视教育改革［M］.中央教育科学研究所,加拿大多伦多国际学院,译.北京:教育科学出版社,2000.

［31］陈向明.质的研究方法与社会科学研究［M］.北京:教育科学出版社,2000.

［32］严德明.现代学校管理学［M］.北京:人民教育出版社,1999.

［33］［美］C·恩伯,M·恩伯.文化的变异［M］.杜杉杉译.沈阳:辽宁人民出版社,1998.

［34］［荷］C·A·皮尔森.文化战略——对我们的思维和生活方式今天正在发生的变化所持的一种观点［M］.刘利圭,蒋国田,李维善,译.北京:中国社会科学出版社,1992.

［35］［美］埃德加·H·沙因.企业文化与领导［M］.朱明伟,罗丽萍,译.北京:中国友谊出版公司,1989.

［36］［美］威廉·大内.Z理论——美国企业界怎样迎接日本的挑战［M］.孙耀君,王祖融,译.北京:中国社会科学出版社,1984.

二、论文类

［1］胡东芳.从"学校保姆"到"学校领袖"——论校长的领袖思维及其养成［J］.教育科学研究,2010(4).

［2］胡东芳.论"课程共有"——对中国特色课程政策模式的探索［J］.教育研究,2002(8).

［3］胡东芳.让孩子永远充满"?"——东西方教育杂谈之八［J］.福建教育,2000(6).

［4］王丽娟.学校文化管理中应处理好的四对辩证关系［J］.教育探索,2009(10).

［5］易丽.重新解读学校文化传统的当代价值［J］.基础教育,2009(9).

［6］彭刚.在学校文化建设中形成学校特色［J］.教育发展研究,2008(2).

［7］郑志生.学校文化建设中的三个误区［J］.教书育人,2007(26).

［8］敖万军.加强学校文化建设的几点建议［J］.基础教育参考,2007(9).

［9］高丽娟.学校文化建设的再思考［J］.新课程研究(教师教育)2007,(5).

［10］张家军.论学校文化及其建设［J］.贵州师范大学学报(社会科学版),2007(1).

［11］安宝娣,刘岩华.略论学校文化建设的方向与策略［J］中国教师,2006(12).

［12］叶澜.试论当代中国学校文化建设［J］.教育发展研究,2006(8).

［13］白晓燕.中国和谐文化的内涵及现代意义［J］.高等教育研究(理论研究)2006.

［14］侯怀银,温双艳.学校文化建设的路径［J］.教育科学研究,2006(11).

［15］苏令.学校文化:在传承中创新［N］.中国教育报,2006-10-31.

[16] 叶澜. 试论当代中国学校文化建设[J]. 教育发展研究,2006(8A).

[17] 葛虹. 塑造校园个性形象　丰富学校文化内涵[J]. 基础教育参考,2006(8).

[18] 顾明远. 论学校文化建设[J]. 西南师范大学学报(人文社会科学版),2006(5).

[19] 沈曙虹. 打造学校文化的四大策略[J]. 管理与评价,2006(1).

[20] 高宝英,徐爱杰,胡定荣. 学校文化建设与学校的发展[J]. 基础教育参考,2005(8).

[21] 杨全印,赵中建. 我们是这样研究学校文化的[J]. 上海教育科研,2005(6).

[22] 谢翌. 关于学校文化的几个基本问题[J]. 外国教育研究,2005(4).

[23] 陈燕. 在互动中融合发展多校区大学文化[J]. 南京财经大学学报,2004(3).

[24] 季苹. "学校文化"的反思与再建[J]. 人民教育,2004(2).

[25] 钟启泉. 课程改革:学校改革的中心——与日本佐藤教授的对话[J]. 全球教育展望,2004(3).

[26] 季苹. "学校文化"的反思与再建[J]. 人民教育,2004(2)

[27] 何征. 中国的"圆"文化[J]. 文化论丛,2003(2).

[28] 杨明全. 课程改革与学校文化的转型[J]. 河南教育,2002(12).

[29] 裴娣娜. 多元文化与基础教育课程文化建设的几点思考[J]. 教育发展研究,2002(4).

[30] 钟启泉. 知识社会与学校文化的重塑[J]. 教育发展研究,2002(1).

[31] 钟启泉. 基础教育课程改革纲要与"学校文化"的重塑[J]. 教师博览,2001(9).

[32] 周涛. 学校文化的特点与功能[J]. 教学与管理,2001(1).

[33] 李新乡. 探索学校组织的运转手——学校组织的内涵及研究[J]. 教育研究月刊,1995.

[34] 杨全印. 学校文化建设——组织文化的视角[D]. 上海:华东师范大学,2005.

[35] 何长平. 现代中小学学校文化建设研究[D]. 南昌:江西师范大学,2006.

[36] 苏鹏. 和谐企业文化管理研究[D]. 大连:东北财经大学,2007.

[37] 王瑞森. 中小学学校文化建设研究[D]. 武汉:华中师范大学,2008.

[38] 郭杨. 融合儒家文化、构建中国企业文化[D]. 乌鲁木齐:新疆大学,2009.

三、网上资料

[1] 叶澜. 学校文化的关键:唤醒教师内在的激情[EB/OL]. http://tieba. baidu. com/f?kz＝144062876

[2] 佚名. 麦肯锡 7S 模型[EB/OL]. http://baike. baidu. com/view/1016858. htm

后 记

　　岗位决定着思考,岗位不同或许思考的方向不同、思考的深度不同,由岗位所带来的一份责任决定着你的思考原点并指向你的思考实践的终点。

　　2009年8月一次岗位的变迁,使得我重新审视、思考自己的工作。从分管教学的副校长到全面负责学校整体工作的一把手校长,面临的又是一所与高校合作、两校合并、政府高投入下期望通过现代教育制度的变革在短期完成超常规发展的一所大型小学。幸运的是,当我踏上新的工作岗位之时,恰是开始在华东师范大学进行教育管理硕士学习之时。如何把自己的硕士研究课题与学校的实际结合,利用科研的引领解决学校所面临的挑战与困境是当时作为一名婴儿期的年轻校长的一份最迫切的需要与思考。

　　感谢机遇的厚爱、感谢导师的支持,在我最需要管理理念、管理经验的那个时刻,我有幸接受了华东师范大学教育硕士的培训学习,胡东芳、郅庭瑾、魏志春等教授的授课,为我带来了大量前沿的教育管理讯息,学位论文的理论架构部分在那时刻在自己的脑海中有了懵懵懂懂的一份直觉。更要感谢的是我的导师胡东芳老师,从听胡老师的课开始,导师的严谨治学风格、风趣生动的授课方式,使他成为我心中的授课"明星"。为了成为胡老师的弟子,我努力与导师沟通。感谢胡老师在学员选择众多的情况下,把宝贵的名额留给了我。我又一次庆幸着自己的幸运。因为自己的心中一直有一个声音告诉着自己,一位严格、博学的名师必定会引领你走向正确的思考路径,只要努力,成功会向你召唤。

　　时至今日,我可以自信地说,当初的直觉、当初的选择没错。感谢胡东芳老师在成为我的导师那日起对我一路支持——选题时,导师和我一次次面谈了解我的需求,甚至亲自上我们学校的网站,了解我们学校继往的历史与办学特色;文献摘录时,导师为我送上了厚厚一叠亲自撰写的论著,这些专著为我后续的研究打开了理论思考的大门;开题时,导师为我的开题报告反复论证修改,当四十页的开题报告呈现在自己面前时,我为自己自豪,更感恩导师为此付出的辛劳;研究实践时,导师亲历我们的学校,在实地考察研究实施的过程中为我的后续研究提出了足足八条后续思考建议;结题时,又是导师一一指点,从内容呈现、撰写体例等方方面面细细指点……

忘不了这一路走来的日日月月——学位论文开题时,当我的选题得到专家组老师肯定时导师言中的那份赞许及随之向我提出的更需要自己进一步思考的实践策略;忘不了,当本研究的衍生课题成为学校的主干课题,被先后批准立项为区、上海市教育学会重点课题、上海市教育科学规划课题时,导师对自己的祝贺及深一步的指导。时至今日,课题的研究成果被有幸评为2013黄浦区教科研成果一等奖,课题的引领促使学校得到飞速的发展。

因为把研究的方向与学校发展的需求紧密结合在一起,使得研究的实效性得到了体现。在一路走来的历程中,感谢教育局领导、上师大领导、学校监事会及区教育学院科研专家们在实践运作中的倾力指导;感谢与我日日、时时工作在一起的学校的同仁们,可以说是伴随着课题的研究,我们从相识到相知,特别感谢课题组的张育民、王晴红、王欣、闻芸、李芳菲、蒋晓政老师为本书提供了丰富的实践案例;感谢孩子们和家长们,有着家长的支持与孩子们的投入,使得我们的研究项目得以灵动、高效地呈现预定的成效。

属于学校的"圆融"文化成为我们的坚守,当我们看到"修德允能、圆融通达"这八个大字时,所经历的一切让我们回味,学校所取得的成就让我们自豪。仅以此书稿记载我们曾经所经历的一切,而承载在我们的工作之后的那份思考将随着学校发展的新的目标、新的要求而不断延续、不断创新。

虞怡玲

2014 年 10 月 1 日